결제의 흐름을 알아야
돈이 보인다

결제의 흐름을 알아야
돈이 보인다

초판발행일 | 2020년 10월 5일

지 은 이 | 백용호
펴 낸 이 | 배수현
디 자 인 | 박수정
제　　작 | 송재호
홍　　보 | 배보배

펴 낸 곳 | 가나북스 www.gnbooks.co.kr
출 판 등 록 | 제393-2009-000012호
전　　화 | 031) 408-8811(代)
팩　　스 | 031) 501-8811

ISBN 979-11-6446-024-3(03320)

결제의 흐름을 알아야 돈이 보인다

스마트혁명시대 부의 창출, 〈결제편〉

백용호

사람이 살아가는 곳에서는 필연적으로 매매가 발생한다. 그리고 매매에는 반드시 결제의 과정이 수반된다. 시장은 시대를 따라 변하고, 그 흐름에 따라 결제의 방식도 다변화되어 간다. 사실상 매매는 결제로 완성된다고 해도 과언이 아니다.

이처럼 결제는 우리가 살아가는 데 있어 필수적 요소 중 하나인 매매 활동의 커다란 축이다. 그렇기에 결제 시장 자체가 커다란 수익 창출의 영역인 것이다. 그럼에도 결제와 결제 시장에 대한 충분한 이해를 가진 사람이 드물다는 것은 큰 문제가 아닐 수 없다.

매매 활동을 하는 사람들이 결제에 대해 무지하면 그것을 악용하여 자기 배만 불리는 사람들이 반드시 생긴다. 그러므로 경제 활동을 하는 사람이라면 누구든지 기본적으로 결제 시스템과 결제 시장에 대해 알 필요가 있고 적절히 활용할 줄 알아야 한다. 결제에 대해 무관심하면 앞으로 남고 뒤로 밑지는 악순환을 면치 못할 가능성이 높다.

특히 주목해야 할 사실은 현재 대한민국의 결제 시장이 카드사 주관의 결제 시스템에서 은행사 주관의 결제 시스템으로 변하고 있다는 사실이다. 왜 그럴까? 그동안 과도한 카드 수수료와 긴 정산 주기 등의 폐해로 소상공인들의 고충이 무시할 수 없는 수위에 다 다른지 오래기 때문이다.

사실상 카드 결제라는 간편한 방식의 결제에 대한 대가가 너무 크다. 이렇게 된 데에는 우리의 무지와 무관심도 한몫을 차지한 것이 사실이다. 우리 자신의 권익을 지켜내려면 필수적인 지식과 정보들에 대해서 알아야 한다. 아는 만큼 보이고 보이는 만큼 대책을 세울 수 있다.

　장사를 잘한다는 것은 수익을 최대한 이끌어 낸다는 뜻이다. 장사를 잘하려면, 즉 순수익을 최대치로 끌어올리고자 한다면 결제에 대해 반드시 알아야 한다. 그때에야 비로소 남는 장사를 할 수 있게 된다. 이것이 내가 '피페이'를 소상공인들을 위한 결제의 툴로 서비스하는 이유이고, 이 책을 집필한 목적이다. 모쪼록 이 책이 여러분의 결제에 대한 상식을 열어 주고 성공적인 장사를 할 수 있도록 하는 일에 도움이 되기를 바란다.

CONTENTS

제1장

고착화된
결제 시스템에
우는 사람들

1

결제의 시작

우리는 일상에서 '결제'라는 말을 자주 쓰며 듣는다. 그렇다면 이 '결제'라는 말은 정확히 어떤 뜻일까?

결제는 이중적인 의미를 지닌다. 흔히 알고 있는 '대금을 지급한다'는 뜻 말고도, 일을 처리하여 끝내다는 본뜻이 있다. 대부분 대금을 지불한다는 의미가 널리 사용되고 있는 중이다.

결제는 '돈' 뿐만 아니라, 증권 혹은 매매 증서와 같은 금융수단도 포함한다. 돈의 등장으로 탄생한 단어가 '결제'라면 물물교환을 결제와 연결하기에는 조금 어려운 점이 있다. 공통으로 사용되는 화폐가 없는 시절이기 때문인데, 그렇다면 상품화폐, 금속화폐, 태환화폐는 결제와 어울릴까? 이것에는 상품의 가치에 척도를 두는 화폐의 의

미만 있지 돈에 담겨있는 숫자 개념은 희미하다.

19세기 초, 독일 정부가 미크로네시아 야프섬을 통치할 때만 해도 원주민들은 자신들의 화폐인 '돌'을 돈으로 사용했었는데, 이는 불과 100년 전 이야기에 불과하다. 결제는 흔히 사용하는 돈을 특정한 사용처를 통하여 값을 치를 때 통용되는 의미라 생각할 수 있기에 돌로 결제를 했다고 말하기에는 조금 애매한 부분이 있다.

결제의 시작은 주식이 등장하면서부터라고 해도 과언이 아니다. 우리가 금융거래에서 흔히 접하는 주식은 1602년 네덜란드 상인들이 설립한 동인도회사가 등장하면서 시작되었다. 투자를 하고 그에 따른 배당금을 받는 형태가 지금까지 이어져 왔고(이때부터 시작되었고), 그 증서를 교환하는 시장도 형성되었다.

당시 최대 이익을 주는 교역국은 인도, 중국, 동남아였다. 후추가 수입되어 유럽에서 고가에 팔리자 이후 중국 차와 희귀한 문양의 도자기 역시 관심을 받았다. 처음 해외에 진출한 시기는 1595년이었으며 항해에 투자한 사람들은 무려 4배의 수익을 받아 가는 기염을 토해냈다. 돈을 은행에 보관하고 일부 대출이 전부였던 평범한 사람들에게도 투자라는 개념이 정립된 시기가 바로 이때였다.

네덜란드 의회와 기득권층은 대규모 무역 선단을 내세워 영국이나 스페인 포르투갈 등 무역 열강에 뒤지지 않으려 했으나 자금이 부족했다. 고민하던 끝에 자금의 여유가 있는 사람 외에도 일부 시민까지 참여할 수 있는 선단을 생각해 내었다. 1602년에는 개별적으로 무역을 했던 회사들을 하나로 통합하여 국가가 중앙 통제하는 형식의 동인도회사를 출범시켰다.

문제는 수익을 어떻게 분배하는 지였다. 대주주가 투자금의 대부분을 차지했던 초창기와 달리 큰 수익을 희망하는 사람이 많아졌기 때문에 정해진 틀이 필요했다. 그렇게 탄생한 것이 '권리증서'이다.

증서에는 네덜란드 동인도회사가 발행한 내용이라 적혀

져 있었는데, 이후 유럽 열강들도 왕실과 연합하여 그것과 비슷한 형태의 증서를 만들어냈다. 여기서 주주들은 투자로 인해 이익을 배당받는 근대적인 주식회사의 개념이 탄생한 것이고, 네덜란드 동인도회사는 세계 최초의 주식회사이자 세계 최초의 다국적기업으로 역사에 남았다.

이 증서는 단순한 돈의 가치를 뛰어넘는다. 배가 침몰할 수 있어 위험자산으로 분류될 수 있으나 앞 다투어 개발에 나서는 회사를 좇다 보니 충분히 고부가가치로 판단되었다. 이 주식을 교환하면서 원하는 것을 얻을 수 있었고, 신용도 확인했으며 법적 분쟁도 잦아지게 되었다.

1600년대에 등장한 근대사회의 주식회사가 성장하면서 결제 시장의 저변을 확대했다고 볼 수 있다. 물론 최초의 은행이라 불리는 14세기 이탈리아 은행도 있지만 당시에는 자금을 보관하는 성격에 가까웠기에 투자를 하며 발생한 금융시장의 증권과는 성질이 다르다 하겠다.

현대사회에서의 결제 시장은 '도구'와 결합하며 성장했

다. 우리가 잘 아는 '카드 결제'가 좋은 예다. 카드라는 도구를 사용하여 대금을 지불한 뒤 재화를 얻는 형태인데, 1950년, 미국에 신용카드가 등장한 뒤 1970년 전후로 국내에도 신용카드가 들어왔다. 신용카드가 들어온 뒤부터 더 이상 장독대에 현금을 숨겨두지 않아도 되고 노심초사하며 검은 봉지에 돈을 들고 안주머니에 넣지 않아도 되니 더없이 편리한 도구로 인식되었다.

미국도 마찬가지였지만 초기에는 일부 계층에만 카드가 보급되었다. 차츰 백화점 VIP의 고객이었던 상류층에서 중산층까지 확산되었고 이는 사업 아이템으로의 비전을 증명하기에 충분했다.

얼마 지나지 않아 대형 카드사가 등장했다. 은행에 뿌리를 두거나 모기업에서 출자한 카드사가 설립되며 국내 자금시장을 쥐락펴락한 것이다. 이에 1987년에는 신용카드업 법을 제정하는 등 올바른 금융소비를 염원했으나 결과론적으로 실패했다고 볼 수 있다.

카드로 결제한다는 건 소비의 증가를 부추김과 동시에 또 다른 골칫거리를 안겨 주었다. 가맹점은 손님이 카드로 결제하면 그 수수료를 카드사에 지불해야 한다. 카드를 사용하는 사람이 많지 않던 80년대는 문제가 되지 않았지만 이후 늘어난 결제 승인 건수로 빠져나가는 수수료가 적잖은 부담으로 돌아왔다.

불과 10년 전만 해도 카드를 받지 않는 점포들도 제법 있었다. 부산의 한 유명 음식점에서 '카드 일체 거부'라는 문구를 문에 붙여 놓기도 했다. 지금은 수수료 인하가 몇 번 진행되면서 어느 정도는 낮아졌으나 당시만 해도 3% 이상의 수수료를 가져가는 카드사도 많았다 이는 순익을 대비하면 결코 적지 않은 부담이다.

2003년에 일어난 카드대란은 신용카드 결제를 부정적으로 보는 계기가 되었지만 그럼에도 카드사의 성장은 멈출 줄 몰랐고, 우리는 너나 할 것 없이 모두 카드를 지갑에 넣고 다니게 되었다. 여신금융협회 자료에 따르면 2009년 한 해 동안 발급된 신용카드의 수는 무려 1억 장을 돌파했다고 집계되어 있다.

　카드 말고도 업무에 따라 신용장 거래, 송금 거래, 추심 거래 등 대금을 결제하는 방법은 여러 가지이지만, 이는 결제 시스템의 성장과는 거리가 멀었다. 결제를 편하게 하는 도구가 있다면 그 도구를 이용하는 사람이 자연스럽게 늘어나는데 그에 따라 새로운 방법이 만들어지는 것일 뿐이다.

　사람들은 누구나 간편하면서 안전한 것을 원한다. 사람을 만나지 않아도 되고, 비행기를 타고 멀리 날아가 보증을 서지 않아도 된다. 불필요한 도장을 들고 다닐 필요도 없으며, 네덜란드 동인도회사의 주식을 몇 주 사고자 긴 줄을 기다릴 필요가 없다. 집에 있는 컴퓨터 혹은 주머니 속에 들어가는 가로 8.5cm, 세로 5.3cm의 카드 한 장이면 충분하다는 것은 거절하기 어려운 매력이다.

　또 카드 결제만큼 편리한 것이 '인터넷뱅킹'이었다. 기호나 포인트 적립에 따라 폰뱅킹이나 휴대폰결제 건수도 상당하다. 폰뱅킹은 출시 당시에 혁신적인 아이디어라 불렸으나 사용빈도가 점점 낮아졌다. 다른 결제 수단이 등장한 것도 영향을 미쳤지만 대기시간이 길고 부가적인 절차를 거쳐야 한다는 점에서 불편함이 커져만 갔다.

도청과 해킹에 취약할 뿐만 아니라, 이체한도가 낮아 한도 이상의 금액을 결제할 때는 OTP(One Time Password)라는 일회성 비밀번호 생성기를 사용해야 한다. 더욱이 통화료는 고객이 부담해야 하므로 이용 빈도가 낮아지는 게 당연했다.

휴대폰으로 결제한다는 인식은 2008년 무렵부터 확산되었다. 오픈마켓이 성장하는 시기이기도 했고, 온라인 마켓플레이스를 플랫폼으로 삼아 형성한 네트워크가 폭발적으로 증가했다. '한국온라인쇼핑협회' 통계자료에 따르면 2008년 거래액 규모가 19조에 달했던 것이 2011년 30조 원을 넘어버렸다.

이 배경에는 휴대폰의 발달을 빼놓을 수 없다. 3G폰의 출시로 실제 PC에서나 가능했던 인터넷에 접속하는 장면을 전면으로 광고했던 것이, 스마트폰으로 발전하며 오픈 마켓의 성장을 부추겼다. 이는 국내 통신사에게 있어서도 기회였다.

스마트폰이 나오기 전에도 이미 휴대폰 소액결제를 유도했었는데, 연계된 오픈 마켓에서 휴대폰으로 결제를 하면 일정 포인트가 쌓이며 그것으로 요금을 낼 수 있는 요금제도 생겨났다.

또한 휴대폰 속으로 들어간 카드 역시 편리한 결제 방법이다. 카드 리더기에 핸드폰을 가까이 가져다 대기만 하면 결제가 된다. 신개념 결제 툴인 것이다. 이 모든 변화는 현금을 어떻게 편리하게 사용하고 안전하게 이동시킬지 고민한 흔적의 결과라고 볼 수 있다.

지금은 결제방법 자체를 경쟁하는 시대이다. 대표적으로 '페이(PAY)' 개념의 결제방식인데, 하나의 시스템에 자신의 계좌번호 혹은 카드를 등록해놓고 결제가 필요할 때 그 시스템에 들어가 대금을 지불하는 것이다.

카카오페이는 스마트폰 앱에 기반을 두고 연동된 업체와 네트워크를 형성한다. 소비자는 형성된 네트워크 안에서 앱으로 물건을 사고 QR코드를 이용해 계좌이체는 물론 계좌로 돈을 송금한다.

복잡한 절차 없이 간편하게 결제를 할 수 있는 편리성을 갖추어 사람들의 사랑을 많이 받고 있다. 그 이면적인 이유 중의 하나가 카카오는 이미 대한민국 전체를 상대로 하는 대중적인 플랫폼을 형성하고 있기 때문이다.

과거에는 대중의 꾸준한 선택을 받기위해 브랜딩이 가장 중요했다면 현재는 대중이 즐겨 찾을 수밖에 없는 플랫폼을 형성하는 것이 성공의 가장 중요한 포인트이다.

현대의 사업 성공 포인트는 사람들의 필요를 파악하여 채워주는 방식으로 사람들을 모아 플랫폼을 형성하고, 잠재되어 있는 욕구를 기획적으로 불러 일으켜 다시 그것을 채워주는 등의 방식으로 계속해서 플랫폼 안에서 서식하도록 서비스를 하느냐 못하느냐에 달려 있다고 해도 과언이 아니다.

그 플랫폼 안에서 매매를 하는 장을 만들어 주고 스스로도 판매 할 아이템을 개발하고 그 가운데 필수적으로 일어나는 결제에 대한 서비스를 통해서도 자동적으로 수익이 발생 할 수밖에 없는 시스템을 갖추어 나가는 것이다. 사람이 모이는 곳에서는 반드시 매매가 일어나기 때문이다. 카카오는 그것을 영리하고 발 빠르게 선도적으로 해 내고 있는 대표적인 기업이다.

이처럼 결제의 속성을 파악하고 더불어 온라인 플랫폼을 만들고 그것을 적절히 활용할 줄 아는 것은 자본주의 사회의 경쟁에서 압도적인 우위를 점 할 수 있는 포인트이다.

이 세상은 기획하는 사람들에 의해 만들어져 간다. 더 많이, 더 앞서 보는 사람들이 아직 사람들 안에 생기지도 않은 니즈를 기획한다. 거대한 자본을 들여 그것을 시스템화하고 매력적으로 포장 해 서비스한다. 이렇게 기획된 시스템과 서비스 안에서 사람들은 다양한 방식의 결제 툴을 원하게 되고 기꺼이 대가를 지불하며 제공되는 서비스들을 편리하게 사용하는 것이 다.

기획한 사람은 그 대가를 얻고, 기획 안으로 들어 온 사람은 그 대가를 지불하게 되는 것 그것이 이 세상을 살아가며 우리가 지불하는 결제의 법칙이다.

참고자료 ||||||||||||||||||||||||||||||||||||||||||||||||||||||||||||||||||||||||||||||||||||||||||||||||||||||||||||||||||||||||||||||||||||||||||||||||||||||||||||||||||||||||

» 『화폐이야기』 송인창 외 6명
» 화폐 - 나무위키
» 동인도회사 - 네이버백과
» 여신금융협회 카드발급수 통계자료 참고

신용카드의 등장

"삼천 두캇을 석 달 기한으로. 단, 안토니오가 보증을 서야 하네!"

"어째서?"

"안토니오는 좋은 사람이기 때문이지!"

신용카드의 역사를 논하기 전에 신용의 뜻을 정립해 볼 필요가 있다. 『베니스의 상인』에서는 결혼을 위한 바사니오의 여정이 얼마나 힘들었는지 '신용'을 담보로 돈을 빌리는 과정에서 그 중압감을 엿볼 수 있다. 현재 1두캇은 금 3.5그램으로 대략 15만 원이다. 물론 화폐의 가치가 달랐겠지만, 환산가치로 그 수치가 어마어마하므로 당시만 해도 목돈을 빌린다는 행위가 목숨을 걸어야 할 만큼 위험한 일이었음을 짐작할 수 있다.

이처럼 신용은 위대하지만, 가장 위험한 무형의 자산이다. 만약 안토니오가 신용의 무서움을 깨닫지 못한 채 베니스의 시체로 끝났다면, 『베니스의 상인』이란 책은 희대의 고전이 아닌 그저 오래된 일기장에 불과했을지도 모르겠다.

화폐는 신용의 부산물이다. 기원전 메소포타미아 문명만 보더라도 지점토에 기록한 상거래 기록이 남아있다. '수확 때 채무자가 채권자에게 곡식 330대를 갚는다', '점토판의 주인에게는 일정량의 보리를 지급한다' 등의 내용이 있는데, 이는 모두 상호 간의 믿음에서부터 출발했다.

영어로 신용을 뜻하는 단어인 'Credit'은 '나는 믿는다'는 뜻의 라틴어 'Credo(크레도)'에 어원을 두고 있다. '베니스의 상인'에서 샤일록이 안토니오를 좋은 사람이라고 한 이유 역시 믿음에 있다. 하지만 400여 년이 지난 지금은 믿음만으로는 부족하다. 무형이 아닌, 유형의 무언가가 그 믿음을 대신해 주어야 한다. 그리고 지금, 그 믿음을 얇게 만든 것이 바로 '신용카드'이다.

2. 신용카드의 등장

이제는 우리에게 필수품이 되어버린 신용카드는 미국의 프랭크 맥나마라(Frank McNamara)가 처음 발명했다고 추정하고 있다. 1949년, 맥나마라는 한 식당에 친구들과 저녁을 먹으러 갔었고 비용을 지불하려는 순간 지갑이 없음을 알아차렸다.

연락을 받은 아내가 와서 식사비를 지불했지만, 그 순간에는 당혹감을 감출 수 없었다. 그 일을 계기로 신용의 간편화, 즉 신용을 상용화하기로 마음먹은 것이다.

처음 개발한 '돈 없이도 결제를 할 수 있는 방법'은 판지형의 카드였는데 지금의 두꺼운 명함 정도라 생각하면 된다. 맥나마라의 종이카드 사업은 이듬해 변호사 랄프 슈나이더(Ralph Schneider)를 만나며 번창해 나갔다.

그는 계산하지 못해 땀을 뻘뻘 흘렸던 레스토랑, 메이저서 케빈 그릴(Major's Cabin Grill)을 다시 방문하여 전용 카드 발급을 제안했다. 흔쾌히 받아들여진 이후 입소문을 타며 뉴욕의 14개 레스토랑과 계약을 체결하며 다이너스클럽의 탄생을 알렸다.

한정된 고객이 오가는 레스토랑이라 회원 수가 많지는 않았지만 맥나마라와 슈나이더의 지인과 레스토랑 단골손님들의 관심은 충분히 받고 있었다. 이 신기한 외상의 연회비가 5달러였고, 레스토랑은 음식 값의 7%를 수수료로 지불한 게 세계적인 카드사인 다이너스클럽의 초창기 사업구조였다.

엄밀히 따지면 맥나마라의 신용카드는 신용을 담보로 하기는 하지만 우리가 현재 사용하는 카드와의 본질적인 개념에서 차이가 있다. 사용한 대금을 단순히 후불로만 지급하는 차지카드이므로 할부가 가능한 신용카드와는 성질이 조금 다르다.

맥나마라가 신용카드의 발전에 일부분 기여한 건 사실이나 일각에서는 최초가 아니라는 의견도 있다. 1920년 대 미국의 일부 백화점과 주유소에서는 카드화된 두꺼운 판지를 제공하며 대금 내용을 기입한 후 후불로 받았다는

2. 신용카드의 등장

사실이 있기 때문이다. 그 외에도 1940년대 초에는 뉴욕의 특정 점포에서만 발급하는 차지카드도 있었기에 '누가 먼저 시작했냐?'의 질문에는 쉽게 답할 수 없다.

다만, 다이너스클럽의 확산 속도는 이전의 차지카드와 비교할 게 못된다. 아무래도 한 점포나 특정 체인점만을 오가는 인원들 사이에 유통되던 차지카드가 업종에 관계없이 가맹된 업체 어디든 사용할 수 있게 되었으니, 맥나마라의 사업은 신용카드 발전의 기틀을 마련했다고 볼 수 있다.

한 가지 더 말하자면, 다이너스카드는 자신의 신분을 은밀하게 드러낼 수 있는 좋은 수단이기도 했다. 발급 초기 마케팅 전략으로 신용도가 높다고 생각되는 상류층 및 저명인사에게 한정하여 발급했었다. 쉽게 말해 어디든 한자리 차지하는 사람이 소지하고 있으니 중산층 소비자도 가입을 원했던 것이다. 특히 카드를 가지는 순간 자신도 저명인사와 함께 한다는 느낌을 주었기에 인간의 심리를 잘 활용하여 성공한 케이스가 되었다.

국내에서는 차지의 도입과정 없이 신용카드가 활성화되었기에 맥나마라의 이야기는 다소 생소한 내용일 수 있다. 구분 없이 부를지라도 큰 차이가 존재한다. 큰 틀에서 보면 할부가 가능하면 크레디트, 불가능하면 차지카드인 것이다.

1958년, 뱅크 오브 아메리카가 발급한 비자카드가 은행에서 발급한 최초의 신용카드라 볼 수 있다. 다이너스, 아멕스같은 개인 회사와는 달리 막대한 자금력을 투입할 수 있었기에 할부나 리볼빙 기능이 가능했다. 리볼빙은 사용대금 중 일부만 먼저 갚고, 나머지 결제 금액은 다음 회차에 갚을 수 있도록 하는 방식이었는데 이로써 지난달에 사용한 카드 값을 이번 달에 모두 갚지 않아도 돼 소비를 증가시킬 수 있는 계기가 되었다.

국내 신용카드의 성장도 맥나마라의 다이너스클럽 형태와 비슷하다. 곧바로 은행에 도입된 게 아니라 백화점을 중심으로 확산되었는데, 1969년 신세계백화점, 1974년 미도파백화점, 그리고 1979년 롯데쇼핑센터가 자체 카드를 발급해 주었다.

은행의 카드는 백화점과 대략 10년의 격차를 두고 있다. 1978년 외환은행이 비자카드를 발급했고, 1980년에는 국민은행이 카드 사업에 열을 올렸다. 1982년에는 비씨카드의 출발점이라 불리는 '은행신용카드협회'가 설립되었다.

이후 시중은행들이 공동 출자하며 지금까지 신용카드 업계를 지켜오고 있다. 초기에는 조흥은행, 제일은행, 한일은행, 한국상업은행, 서울신탁은행이 연합하여 신용카드 업무를 개시하였다.

본격적인 성장은 80년대 후반에 이르러서이다. 1987년 신용카드업법이 제정되면서 전업카드사도 등장했는데, 은행에서는 국민카드와 외환카드가 독립되어 운영을 시작했다. 비 은행계인 LG카드와 삼성카드도 이 시기에 설립되었다.

신용카드업법 총칙을 살펴보면 신용카드업을 영위하려는 자는 법인이어야 하며, 자본금 20억 원을 갖추어야 한다고 되어 있다. 최종적으로는 재무 장관의 인가를 받아야 되므로 설립 조건을 충족하고 재무 장관의 심사를 통과해야 기본 절차를 끝냈다고 할 수 있다.

늘어나는 카드사와 가입자 수를 비교해보면 과부하가 걸릴 만도 하다. 1990년 당시 1,000만 장이던 신용카드 발급 수는 1997년 4,500만 장이 되고, 이용 금액은 12조 6천억 원에서 72조 1천억 원까지 증가했다. 가맹점 수 역시 58만 점에서 425만 점으로 가파른 성장세를 기록했다.(자료제공: 한국경제포럼 제8권 제3호 p35) 이후 카드회사는 1997년 외환금융위기를 기점으로 큰 변화를 맞이하게 된다.

주요 백화점으로 시작한 한국과 달리 일본은 1960년 일본교통공사와 후지은행이 공동 설립한 일본 다이너스클럽이 시초이다. 이듬해 산와은행 등 6개 은행이 연합하여 JCB(Japan Credit Bureau)카드를 발급했고, 70년대 이후 유명 백화점들이 카드 사업에 진출하며 일본 경제성장의 부흥

기와 함께했다.

일본은 우리보다 신용카드 도입이 빨랐으나 결제 비중은 국내와 큰 폭의 차이가 날 만큼 낮은 편이다. 2020년에 열리기로 했던 도쿄올림픽을 기점으로 신용카드의 사용을 높이려는 움직임이 있었으나, 여전히 현금 결제 비율이 80%에 육박한다.

이는 국내 현금 결제 비중의 두 배에 달하는 수치인데, 일부 전문가들은 일본이 오랜 경제적 불황으로 소비 심리가 위축된 일본인들이 과소비와 부채 증가에 대한 두려움 때문에 현금이외의 결제를 잘 이용하지 않는다고 보고 있다. 또한 낮은 범죄율로 인해 현금을 들고 다니는 것에 대해 안전하다고 느끼고 오히려 사이버 보안 문제가 더 심각하다고 생각한다.

'금융편의를 도모함으로써 국민경제의 발전에 이바지한다'는 말은 신용카드업법 제정의 취지이다. 하지만, 우리나라 신용카드사용 실태는 편리성이라는 미명아래 수많은 사회적 문제들을 양산 해 오고 있고 더 이상은 외면 할 수 없는 지경에 여러 차례 놓였었다. 편리성과 외상 거래 방식이 주는 달콤함에 취해 무분별하게 사용 해 왔기 때문이다.

우리나라 결제를 말 할 때 신용카드를 통한 결제를 빼고 논할 수는 없을 정도로 신용카드는 짧은 시간동안에 대한민국의 대표적인 결제 문화로 자리를 잡았다. 신용카드사용으로 야기되는 여러 가지 폐단이 여전한 것이 사실이지만, 무턱대고 신용 카드 사용을 근절하는 것만이 능사는 아닌 것이다.

이제는 먼저 신용카드를 사용하는 사용자들의 돈에 대한 인식이 바뀌어야 하고 결제의 흐름에 대하여 그리고 신용카드의 속성에 대하여 더 많은 관심을 가지고 공부를 해야 한다.

참고자료

» 신용카드의 역사 – 디지털타임스

» 한국 카드사의 블루오션 일본을 잡아라 – 한국경제매거진

» 일본에서 현금선호족은 천덕꾸러기? – 이슈재팬

» 신용카드 – 나무위키

» 신용카드 – 위키백과

» 신용카드업법

» 〈한국경제포럼〉 제8권 제3호

» 『신용카드의 이해』 김상봉 저

3

신용카드의 두 얼굴

신용카드를 좀 더 이해하기 위해서는 2003년의 한 해를 돌이켜보면 좋다. 한국에는 몇 번의 금융위기가 있었는데 '가계' 발로 터진 사태가 가장 강력했다. KDI 경제정보센터에 따르면 2003년 한 해 신용불량자 수가 372만 명이었는데, 그중 신용카드로 인한 신용불량자의 수가 239만 명으로 집계되었다. 넉넉잡아도 대한민국 국민의 5%가 신용불량자인 셈인데 이때부터 신용이 불량하다는 말은 일반화가 되었다.

국내의 카드업은 90년대 이후 가파른 성장세를 보였다. 정부는 세금을 명확하게 거둬들일 수 있었으므로 카드를 장려하는 쪽을 택했다. 내수 소비를 늘리며 생산을 부추기고, 기업이 일자리를 창출하는 등 다양한 경제효과를 기대하며 말이다. 더구나 OEM 생산이 멈춰진 노동시장은 자연스레 대기업 의존도가 커질 수밖에 없었다.

1997년, IMF는 기업의 줄도산과 더불어 금 모으기 운동 캠페인을 양산했다. '외환금융위기'라는 목적어가 생략된 불투명한 단어의 생성으로 알 수 없는 무언가와 자국의 대결구도를 만들어 국민들을 한마음으로 만들었다.

카드사태의 시발점은 1999년이라고 본다. 이때 정부는 신용카드 현금서비스 한도를 폐지해 고객과 카드사가 인출 한도를 정하도록 맡겨버렸다. 더욱이 신용카드 소득공제 제도를 도입하며 세금 혜택을 주는 등 소비를 부추겼고, 영수증 복권 등 기발한 생각으로 고객을 유치해나갔다.

물론 정부의 선택과 카드사의 공격적인 마케팅이 반드시 틀렸다고 말할 수는 없다. IMF로 위축된 소비를 살리는 게 목적이었고, 2002년 월드컵도 있었던 만큼 반대급부가 절실한 상황이었다.

문제는 현금서비스 제한의 장벽이 낮다 보니 소득이 없

는 사람도 한 달에 최대 천만 원의 현금을 손에 쥘 수 있다는 것이었다. 2000년 국내 1인당 GDP가 1만 달러를 넘었다며 한국인의 자긍심을 키우던 언론의 보도와는 달리 신용불량자수는 계속 늘어만 갔다. 1997년 143만 명, 1998년 193만 명, 이후 200만을 넘어서며 돌려 막기를 양산하기에 이르렀다.

지금도 현금서비스는 고금리지만, 당시에 일부 카드사는 30%에 육박할 정도로 배보다 배꼽이 더 큰 수준으로 대출을 진행했다. 수입이 없거나 적은 사람은 다가오는 대금 결제일에 마구잡이로 카드를 발급해 다시 현금서비스를 받았다. 더 이상 대체할 수 없는 지경에 이르러서야 파산을 하곤 했다.

이러한 경우는 한두 집에 국한된 것이 아니었다. 빌린 돈을 갚는다고 해도 가계는 이미 돌이킬 수 없는 상황으로 치달아 이혼한 가정도 부지기수로 늘어나고, 자살을 선택하는 경우도 속출했다.

이로 인해 신용카드의 인식이 점점 더 나빠졌지만, 카드사들은 더욱 경쟁적으로 장소 불문하고 가입자 유치에 열을 올렸다. 대형마트, 지하철 심지어 종교행사에까지 투입되어 카드 가입자 수를 늘리기에 급급했다. 가입자가 늘어나는 만큼 신용불량자 수도 비례하여 늘어났다. 90년대 초반 한 해 겨우 천 만장을 넘겼던 카드가 2002년에는 무려 1억 장에 도달했다.

그때부터 지금까지 신용 카드 한 장을 발급해 주면 일정액을 '페이백'해 주는 방식의 가입자 유치가 성행 중이다. 솔깃한 제안이었기에 카드 사용을 꺼리는 사람들조차 거절하기 어려운 유혹이었다.

심지어는 대학교 도서관에 들어가 학생들을 상대로 영업하는 설계사들 때문에 소란이 일어나기도 했었다. 그 무렵에는 신용등급과 관련 없이 만 18세 이상이면 누구나 카드를 만들 수 있었다.

누군가를 울리기도 하고 지울 수 없는 상처를 안겨주기

도 했던 신용카드는 여전히 대중적으로 소비되고 있다. 그 폐해가 적지 않은데도 불구하고 여전히 선택을 받는 이유는 바로 신용카드의 '편리성'에 있다.

카드 이용자는 당장 필요한 상품을 미래에 발생할 소득으로 구매할 수 있어 소비를 활성화시킬 수 있으며, 소액대출을 편리하게 할 수 있는 현금서비스 기능으로 복잡한 절차를 거치지 않아도 된다. 카드사마다 조금의 차이가 있지만 일반적으로 마이너스 통장과 비교해봤을 때 현금서비스는 한도가 높고, 금리는 더 낮은 편이다.

개인의 신용에 따라서도 현금서비스의 한도가 달라져 스스로 재무 상태를 재고해볼 수 있다. 재무 상태 파악은 매달 공시되는 사용명세서를 보면 쉽게 알 수 있는데, 어떤 항목에 소비가 치우치는지를 알 수 있어 적절한 소비계획을 구축하는데도 도움이 된다.

지급정지 요청도 신용카드 사용자 입장에서는 유리한 기능이다. 물품을 결제하고 배송이 오기를 기다렸으나 연락이 닿지 않는다면, 혹은 판매자의 사정으로 반품 및 환불을 해주지 않았을 때 다가올 손해를 피할 수 있다.

할부 거래의 취소는 다소 어려운 점이 있지만, 현금 소지의 불편을 해소하면서 결제의 안정성까지 누릴 수 있어 이용자 편의에 주목했음을 알 수 있다. 그 외 신용카드의 혜택만 놓고 보아도 체크카드 및 현금 사용과 두드러진 차이가 난다.

그렇다면 왜 카드회사는 이러한 신용카드의 장점에도 불구하고 신용불량자 천국을 양산하고 본인들도 위태에 빠지게 된 것일까? 신용카드의 순기능을 살려 소비자들과의 상생을 도모하려는 가치는 잊은 채 연체료가 가져다주는 이익만 생각하다보니 결국 자신들의 살점이 떨어져 나가는 걸 느끼지 못했을 가능성이 크다.

카드대란 때 은행계 카드사인 외환, 국민, 우리카드는 각각의 은행과 합병하여 위기를 모면하려 했다. 기반이 탄탄했던 국민은행과 우리은행은 재기를 노릴 수 있었지만,

외환은행은 카드사의 부실을 감당할 수 없어 해외 자본에 손길을 내밀어야 했다. 이후 독일의 코메르방크의 대출금을 지원받아 구조조정의 위기를 넘기는 듯했으나, 최종적으로 2003년 미국 론스타 펀드에 매각되었다.

투기 성격이 강한 산업자본 형태의 론스타에 넘기는 걸 반대했던 많은 사람들의 우려는 현실로 나타났다. 당시의 주가 조작설은 2011년이 되어서야 대법원이 인정했다. 론스타는 싼값에 외환카드를 흡수하고자 허위 사실 등을 유포하여 주가를 떨어뜨렸다는 사실로서 이른바 '먹튀'의 장본인이 된 셈이다.

반면 은행에 뿌리를 두지 않은 삼성카드는 부실을 막고자 모기업으로부터 1조 원을 수혈 받으며 위기를 넘겼고, LG카드 역시 은행들로 구성된 채권단인 LG투자증권을 구성하여 자금을 투입하는 방식으로 반전을 꾀했다. 이후 정상화된 LG카드는 2007년 신한금융지주에 매각되어 신한카드와 합병되었고, LG투자증권은 우리금융지주에 넘어갔다.

이렇듯 신용카드는 현대사의 한 획을 그으며 가계에서 카드사까지 우리를 웃고 울게 했다. IMF, 2003년 카드대란, 그리고 글로벌 금융위기까지 짧은 기간 동안 굵직한 금융위기가 대한민국을 위협했다. 은행 및 카드사들은 뒤늦게 올바른 소비문화를 정착시키고자 나름의 금융교육을 시행하는 듯 보이지만, 실효성에 대해서는 의문이다.

사람의 소비 습관이 바뀌는 것은 결코 쉬운 일이 아니다. 어찌 보면 신용카드의 본질은 신용이 아니라 외상이라고 해야 맞을 것 같다. 옛말에 "외상으로는 소도 잡아 먹는다'고 했다. 소를 잡아먹고 갚을 능력이 있다면 모를까 외상을 일상화하는 소비 습관은 개인과 나아가 가정의 불행의 씨앗일 수 있음을 명심하자.

무턱대고 신용카드를 사용하지 말자는 이야기가 아니다. 신용카드 사용도 반드시 기준과 대책을 가지고 할 줄 알아야 한다는 말이다. 편리를 위해 만들어진 신용카드가 경제에 대한 관념이 부족한 대중들에게 무분별하게 퍼졌을 때 결국 국가 전체가 위험에 처했었음을 잊지 말아야 한다.

코로나19 이슈로 시장 경기가 장기적인 불황에 빠지고 이로 인해 또 다시 신용 불량의 늪에 빠지는 사람들이 늘어나고 있는 것을 본다. 신용 카드 대란은 지난 한번으로 족하다. 경제적으로 얼마나 더 힘든 시간을 살아내야 할지 기약이 없는 시점에서 다시 한 번 신용 카드의 합리적인 사용에 대한 기준을 바로 세워야 할 것이다.

참고자료

»   2002년 카드 대란 - KDI
»   대법 "론스타, 외환카드 주가조작 유죄" - 한겨레
»   『신용카드의 이해』 김상봉 외 1

4

체크카드의 탄생 배경

체크카드는 그 기원을 찾기 애매한 부분이 많다. 한국경제 포럼에서 발표한 『국내 신용카드 산업의 역사와 현황』(제8권 제3호)에 따르면 미국에서는 1990년대 카드 산업이 안정기에 접어들며 직불카드가 등장했다고 소개한다. 체크카드는 데빗카드. 즉 직불카드라 부르기도 한다.

직불카드는 1950년 신용카드의 등장 이후 제법 긴 시간이 흐른 1966년 시장에 등장했는데, 그 진원지는 미국의 델러웨어 은행(The Bank of Delaware)으로 알려져 있다. 이는 앞서 90년대 중반에 등장했다고 부르는 직불카드가 기존의 것과 사용자 측면에서 차이가 있음을 넌지시 인정하는 것이다. 일각에서는 미국인이 부동산 거래 등에 흔히 개인수표를 사용하므로 직불카드를 'Check(=수표)'카드의 의미로 불렀다는 의견도 있다.

직불카드의 특징

 ## 체크카드의 특징

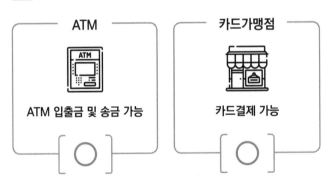

4. 체크카드의 탄생 배경

국내에서는 이를 엄격히 구분하며 직불카드와 체크카드를 직불형 카드의 하위 개념으로 분류했다. 모두 계좌에서 남은 금액을 이체한다는 공통점이 있으나, 결제망은 다르다. 직불카드는 은행사가, 체크카드는 카드사가 주관하므로 적어도 국내에서는 두 단어의 의미가 혼용의 대상은 아니다.

북미에서 비자카드를 내밀면 'Debit or Credit?'라는 질문을 한다. 하지만 신용카드 태생인 아메리칸 익스프레스, 마스터카드 등을 꺼내면 그러한 질문을 하지 않는다. 비자카드는 Debit을 선택하면 비자 네트워크를 거치지 않고 고객의 계좌에서 금액이 인출된다. 이 EFT(Electronic Funds Transfer)라 불리는 기능이 있어 고객이 핀 넘버를 입력해야 결제가 이뤄지는 것이다.

국내에서도 처음부터 체크카드라는 이름이 사용되진 않았다. 이른바 직불형 신용카드라는 명칭으로 1999년 비씨카드에서 플러스카드를 선보였다. 체크카드라는 이름의 등장은 2000년 LG카드가 직불형 신용카드를 '체크카드'

라는 이름으로 출시하면서 부터이다. 이후 전국의 은행 및 카드사에 영향을 미쳤고 서로 다른 기능의 상품을 출시하면서 체크카드의 존재감이 드러났다.

가장 먼저 대중의 주목을 끈 건 2003년 카드대란 때였다. 신용카드의 무분별한 사용으로 신용불량자가 넘쳐나다 보니 조금이라도 신용을 회복하고 신용 불량의 상태가 되는 것을 미연에 방지하자는 취지가 공감을 얻었던 것이다. 비씨카드는 국내의 은행이 연합하여 설립한 회사로서 '플러스카드'라는 이름으로 체크카드를 출시했다.

하나은행에서는 '@플러스카드'를 판매하기 시작했는데, 당시 홍보로 "인터넷을 많이 이용하는 젊은 세대를 겨냥해 개발된 신상품으로 인터넷쇼핑몰이나 모든 신용카드 가맹점에서 일시불로 구매할 수 있으며 카드 이용실적에 따라 최고 50만 원의 신용 한도가 부여된다. 연회비가 없으며 이용 대금은 신용카드와 마찬가지로 연말 소득공제 대상에 포함 된다"는 문구가 쓰여 있는데 타겟층이 젊은 소비층이란 걸 쉽게 알 수 있다.

같은 해 대구은행에서는 'OK플러스카드'를 발급했다. 가입자 본인뿐만 아니라 가족회원도 동일한 혜택을 받으며 사용할 수 있었으며 연회비 추가에 따른 발급 수수료가 있었다. 또 카드 사용액의 1%에 해당하는 만큼 추후에 현금을 돌려받는 캐시백 기능도 추가하는 등 신용카드의 혜택에는 미치지 못하지만 최대한 비슷하게나마 따라가려는 분위기였다.

우리금융지주에 편입된 한빛은행도 '한빛 알파 플러스카드'를 출시하며 시장의 반응을 살폈다. 당시 한빛은행은 대금을 미리 지불한 뒤 그 범위 안에서만 사용하는 선불카드, 예금 잔액 이내에서 사용하는 직불카드, 구매 후 일정 시점에 후불로 결제하는 신용카드와 비교하는 광고가 많아, 직불형 신용카드의 합리성을 알렸다.

99년 당시 신용카드 발급 수는 4400만 장에 달했다. 성인 한 사람당 평균 3장씩 가지고 있다는 의미인데, 일부 언론에서는 올바른 소비문화를 장려하는 의미로 체크카드 사용을 권장하기도 했다.

플러스카드가 대표적이지만 외한카드의 '예스머니카드'
와 신한은행에서 발급한 '비자프리카드'도 초창기 체크카
드 시장을 선점했었다. 특히 예스머니카드의 경우 연말까
지 사용금액의 1%를 모아 현금처럼 쓸 수 있는 기능 외에
계좌에 잔액이 모자랄 경우 50만 원까지 신용공여를 받을
수 있었다. 게다가 대중교통을 자주 이용하는 사람들은 교
통카드 기능을 추가할 수 있었지만 무슨 이유에서인지 널
리 확산되지는 않았다.

사실 이 기능만 놓고 본다면 지금의 대중교통카드와 별
반 차이가 없다. 신용카드인지 체크카드인지 또 어떤 혜택
을 주는지에 따라 발급수가 달라지겠지만, 과소비를 지양
하고 자금을 편리하게 이체할 수 있다는 기능은 지금까지
유지한 셈이다.

삼성애니패스카드는 기존 체크카드보다 한 발짝 더 나
아간 모습이었다. 서울, 경기, 인천에서 버스 요금을 결제
할 수 있었고, 롯데월드, 서울랜드, 광주패밀리랜드, 통도
환타지아, 대구우방랜드, 부산롯데월드 등에서 신분증과

함께 제시하면 무료로 입장할 수 있다는 이벤트도 진행했다. 신용카드는 아니지만 국내의 대형업체와 제휴를 맺으면서, 우리는 체크카드로도 당신들에게 특별한 혜택을 줄 수 있다는 걸 어필했다.

그럼에도 신용카드와 비교하기엔 역부족이었다. PCS 단말기가 귀하던 시절이었으나, 해당 제품과 연동한 제휴카드도 등장했다. 즉 통화요금과 신용카드 결제 대금이 점수로 쌓여 무료통화 혜택을 받을 수 있는 것인데, 신용카드에 한정 되었던 것이다.

SK텔레콤은 '011리더스클럽카드'를 출시하며 납부요금 1천 원당 5점, 제휴업체인 씨티은행 대출금 1천만 원당 500점, 자동차보험 가입액 1천 원당 5점 등 콜플러스 점수를 적립해 주어 연간 2500점 이상인 고객에게 이듬해부터 해당 카드를 발급해 주고 서비스를 제공해 주었다. 5천 점 이상이면 이동전화기를 무상으로 수리해 주었고, 씨티은행은 대출 우대 서비스 또 영화관, 패스트푸드 체인점 등 가맹점 이용 시 무려 20~25%의 할인 혜택을 주었다.

항공 카드도 있었는데, 대한항공의 경우 한진 면세점에서 15% 할인, 제휴호텔에서 1박에 300마일을 추가 적립하며 무료 여행을 키워드로 고객을 끌어 모았다. 이외에도 현대카드, 대우오토카드 등 생활에 전반적으로 사용되는 소비에 할인 혜택을 주었기 때문에 예금 잔액에서만 사용할 수 있다는 알뜰 소비 체크카드에 매력을 느끼기란 어려웠다.

2003년 카드대란으로 체크카드가 신용카드를 잠시 넘어선 적이 있었다. 물론 수치는 비교할 게 못되지만 사람들에게 체크카드를 사용하면 '그나마 신용불량자는 피할 수 있다'는 생각을 심어준 것이다. 당시 정부 또한 직불카드를 이용하는 회원에게 30%까지 소득공제를 해주는 등 파격적인 조건도 제시했었고 그에 따라 각종 카드사 및 은행은 직불카드와 체크카드의 이용 실적이 늘어나는 등의 움직임도 있었다.

체크카드나 직불카드 고객은 결국 잠정적인 신용카드 사용자라는 목소리도 없진 않다. 신용불량자가 대량 양산

되므로 죽어가던 카드사들이 합병을 거치며 살아남아 다시 카드 가입을 권유하는 이유 또한 이와 무관하진 않을 것이다.

카드대란 시점에서 두드러진 카드는 비씨카드의 11개 회원은행이 발급한 '비씨플러스카드'였다. 발급한 카드 수만 해도 총 147만개였고, 이중 80%는 별도의 신용 한도를 부여하지 않았다. 즉, 직불카드와 동일한 소득공제 혜택을 누리며 전국의 모든 신용카드 가맹점을 이용한 것이다. 또 이용액의 0.2% 적립에 그치는 일부 신용카드에 비해 0.5%까지 적립한다며 비씨플러스카드의 장점도 대중에게 각인시켰었다.

지금의 체크카드가 주는 혜택을 살펴보면 10년 전 신용카드가 주었던 혜택을 뛰어넘는다. 'CJ ONE 신한체크카드'는 CJ 계열 가맹점의 문화와 외식, 쇼핑, 엔터테인먼트 등 두루 사용되며 최대 2만 원의 캐시백을 받을 수 있는 조건을 내세웠다.

또한 CGV영화 캐시백과 올리브영에서 결제 금액의 10% 캐시백 및 기타 결제에 따른 혜택을 열거해 놓았다. 이 카드는 2018년 7월 말 출시하여 11월 이후 20만 장을 돌파했고, 꾸준히 가입자가 늘어나는 추세이다.

타사의 체크카드에서도 특별한 혜택을 내세우는데 대부분 2,30대를 위한 것이 많다. 외식을 비롯해 영화, 도서, 어플리케이션 등 충분히 소비를 자극할만한 혜택이다.

게다가 일부 카드사는 해외 가맹점에서도 국내 체크카드를 사용할 수 있게 해줌으로써 과거의 신용카드를 뛰어넘는 기능을 갖추고 있다.

99년 이후 등장한 체크카드와 지금의 체크카드를 비교해보면 그저 놀라울 따름이다. 이 같은 노력에 더하여 정부는 체크카드 사용 시 연말 정산 금액을 더 높여주는 등으로 체크카드의 사용을 독려하고 있다. 실제로 현장에 나가서 사장님들과 대화를 하다보면 체크카드 사용 비율이 최근 압도적으로 높아져 가고 있음을 볼 수 있다.

참고자료 〰〰 📢

» 신용카드의 역사 – 한국경제포럼 제8권 제3호

» 체크카드 – 나무위키

» 데빗, 신용카드 – 개인 블로그

» 데빗카드 – 위키피디아

» 데빗카드의 역사 – 마켓플레이스

» 데빗카드 – 더 밸런스

» 네이버 뉴스 라이브러리 – 플러스카드 검색

» '비씨플러스카드 이용액 큰 폭으로 증가'

5

신용카드 VS 체크카드

"신용카드와 체크카드 중 무엇이 더 나을까요? 어떤 걸 써야 할까요?"

신용카드와 체크카드는 각각의 장단점을 지니고 있다. 그래서 무엇이 더 나은지, 무엇을 더 많이 써야 하는지 1 차원적으로 답하기는 어려운 문제이다.

이 질문에 대답하기 앞서 직불카드에 대한 이해를 높여야 한다. 직불카드 역시 미국에서 출발했다. 1965년 ATM 기기가 최초로 등장한 이후 직불카드 보급 역시 활발해졌다. 한국경제포럼(제8권 제3호)에 따르면 77년에는 미국 전역에 8,000여 개가 설치될 정도로 성장세가 엄청났다고 전하고 있다.

앞서 살펴봤듯이 90년대 이전까지는 직불카드로 단순히 현금을 인출하는데 그쳤고, 90년대 이후 직불카드로 결제를 희망하는 가맹점이 하나 둘 늘어나자 은행업계도 활성화에 박차를 가했다. 초기에는 개인 고유번호인 PIN 번호를 활용하여 직불카드로 결제했는데, 이것이 지금의 전자서명으로 발전했다.

직불형 카드는 말 그대로 직접 값을 치른다는 뜻인데, 종류에는 직불카드와 체크카드가 있다. 두 카드의 가장 큰 차이점은 결제 망이 다르다는 것에 있다. 직불카드는 은행의 전산망을 사용하고, 체크카드는 카드사를 기반으로 발급된다. 다시 말해 직불카드는 금융결제원의 금융공동망을, 체크카드는 신용카드사의 전산망을 사용한다.

이 부분에서 신용카드와 엄격히 선을 긋는다. 신용카드는 당연히 신용카드사의 전산망을 사용하여 결제하지만 신용을 바탕으로 한다. 그러므로 이용 한도에서 직불카드와 체크카드는 예금 잔액이 전부이지만, 신용카드는 신용으로 한도액을 정한다. 기능적인 측면에서 봤을 때 신용카드가 상위의 개념이라면 체크카드와 직불카드는 하위 개념인 셈이다.

현금카드라고도 불리는 직불카드의 장점은 빚을 지지 않는다는 데 있다. 체크카드를 사용하는 사람도 예금 잔액만 사용한다고 알고 있는데, 신용공여가 있으면 현금서비스가 가능하다.

신용공여는 해당 금융기관에 예탁된 주식, 채권, 수익증권 등을 담보로 현금 융자를 하는 것을 말하는데, 주식을 예로 들었을 때 대략 주식 매수 금액의 50~90%에 해당하는 만큼 현금을 융통할 수 있다. 물론 융자금이 총액 대비 당사가 정한 기준을 초과했을 경우 담보주식 등을 강제 처분할 수 있으므로 체크카드는 순전히 예금 잔액만을 위한 결제 도구라고 말할 수는 없다.

직불카드가 체크카드에 비해 수요가 떨어지는 이유 중 하나는 이용 시간제한에 있다. 24시간 이용할 수 있는 신용, 체크카드와는 달리 오전 8시부터 오후 11시 30분까지만 이용 가능하다보니 가맹점 수도 현저히 떨어진다. 2011년 카드사의 가맹점 수는 200만을 넘겼으나 직불카드는 50만도 채 되지 않아 사실상 추억의 카드로 전락했다.

한편에서는 국내의 신용불량자 혹은 신용에 문제가 있는 사람들에게 가장 권유해야 할 게 직불카드라고 주장한다. 필요할 때만 해당 은행에 방문하여 현금을 찾아 쓰고, 가맹점 수가 적다 보니 과도한 소비를 줄일 수 있다는 이유에서다. 그러나 현재는 직불카드는 존재 자체를 모르는 사람이 더 많을 정도로 그 수요가 점점 더 줄어들고 있는 상황이다. 금융결제원 사이트에서도 직불카드 가맹점을 찾아볼 수가 없다. 일부 웹사이트에 업로드된 오래된 자료를 참조하지 않으면 카드 사용처조차 파악하기 힘들다.

국내에는 90년대 중반에 직불카드가 등장하였다. 1996년 '하나은행 PLUS 직불카드', '부산은행 직불카드' 등 밋밋하지만 안정감 있어 보이는 디자인으로 잠깐 인기를 끌었다. 2005년 이후, 직불카드 신규 발급을 중지한 은행이 늘어나며 일부 가맹점만이 유일하게 남아 있을 뿐이다.

그럼에도 일부 대형마트 및 백화점에서는 여전히 직불카드를 선호하는 곳도 있다. 1,000원당 적립되는 포인트를 해당 기관과 연계된 은행의 직불카드라면 적립 률을 더 높여주는 것이다. 결제 시 적립되는 포인트에 1%의 차이만 나더라도 대량 구매할 경우에는 제법 큰 혜택으로 돌려받을 수 있다.

지난 8월 농협의 경우에는 현금카드 결제 시 가맹점의 2%대 수수료를 1% 이하로, 또 기간 안에 현금카드 결제하는 고객에게는 결제 금액의 0.5%를 돌려주는 등의 행사도 개최한 바 있는데 이 같은 경우를 예로 들 수 있겠다.

2003년 카드대란은 체크카드의 존재가 얼마나 중요한지 보여주는 순간이었다. 무분별한 소비와 끊임없는 현금서비스 또 돌려 막기를 줄이면서 편리하게 사용할 수 있는것은 무엇일까? 이러한 질문은 결국 체크카드의 장려로 이어졌다.

할부가 불가능하다는 아쉬움은 있지만 신용카드와 맞불

어도 그 기능이 크게 뒤처질 건 없다. 24시간 사용 가능하며 할인과 포인트 및 기타 서비스도 제공한다. 조목조목 따져보면 신용카드가 줄 수 있는 혜택이 상대적으로 많지만, 직불카드에 비하면 체크카드는 그야말로 안전성과 편리성을 모두 갖췄다고 할 수 있다.

일부 차이는 있겠으나 가맹점의 신용카드 수수료가 대략 2% 라면, 체크카드는 1.5%대이다. 가맹점주 입장에서도 마다할 리 없고, 소비자 입장에서도 신용카드가 결제가 가능한 곳이라면 어디든 체크카드를 쓸 수 있으니 어떤 선택을 하든 사용하는 데 있어서 불편함은 따르지 않는다.

국내에는 1999년 비씨카드에서 발급한 '플러스카드', 이듬해 LG카드에서 체크카드를 발급한 것이 카드대란 이후 탄력을 받으며 2006년에는 삼성카드에서 삼성증권과 제휴하며 세계 최초 CMA체크카드를 선보였다. CMA(Cash Management Account)는 고객으로부터 예탁 받은 금전을 운용하고 그 수익을 지급하는 금융상품으로 금융사에 한정했었으나, 체크카드와 결합하며 안전성과 수익성 모두를 만족할 수 있는 상품이라며 대중의 호기심을 자극했다.

 2012년 정부는 늘어나는 가계 부채를 잡고자 체크카드 활성화를 목표로 소득공제율, 가맹점 수수료 등 전면적인 개혁의 의지를 내비쳤다. 지금의 체크카드 혜택도 정부 정책의 결과물이라 할 수 있는데 이제는 다양하다 못해 어지러울 정도이다.

 이제는 이 엄청난 혜택들이 대부분의 카드에서 서비스 되고 있다. '우리 은행 썸카드'는 G마켓 옥션 10% 할인, 스타벅스 20% 할인이 가능하고, 'KB국민 노리체크카드'는 교보문고 5%, CGV 35% 환급할인 등을 내세우며 20대를 겨냥했다.

 인터넷 은행인 카카오뱅크는 인터넷 상거래 업체에다 유명 도서점과 커피전문점 게다가 음악사이트 이용권까지 추가하며 고객 잡기에 혈안이 되어 있다. 여신금융연구소 자료에 따르면 2013년 16%대를 기록한 체크카드 비중이 현재 20%를 넘으며 승인 건수에서도 두드러진 차이를 보였는데, 앞으로도 큰 폭의 상승이 기대되고 있다.

신용카드는 1980년에 국내에 들어온 뒤 아직까지 큰 위기 없이 자리를 잡고 있다. 2018년 3월, 금융감독원 발표에 따르면 지난해 말 기준으로 한 해 신용카드 발급 수 총 9,946만 장, 체크카드 1억 1,1035만 장을 기록했다. 두 카드의 이용액 규모는 788조 원을 돌파하며 또다시 카드 대란을 맞이하는 것 아니냐는 우려의 목소리도 있다.

이처럼 신용카드가 파산의 지름길이라 말하는 사람도 있지만, 꾸준히 사랑받을 수 있는 이유는 편리성에 있다. 구매와 동시에 결제를 해야 하는 직불형 카드와는 달리 신용카드는 선 구매, 후 결제 방식이다. 미래의 수입을 담보로 수중에 돈이 없다 하더라도 내가 원하는 것을 결제할 수 있다. 할부도 가능하니 백만 원이 훌쩍 넘는 가전제품이나 명품 브랜드도 신용에 문제만 없다면 지금 당장 구매할 수 있는 것이다.

주유비는 휴대폰 판매와도 밀접한 관계가 있다. 2008년 당시 LG텔레콤에서는 매달 일정 금액 이상의 주유를 지정된 주유소에서 한다면 포인트로 적립이 되고, 그 포인트를 가지고 단말기 할부금을 대납해 준다는 프로모션도 있었다.

그 이전에 타 통신사도 있었지만, 당시의 주유비 할인은 유명 카드사와 협업했으므로 기존의 카드 고객을 통신업에도 연결할 수 있었다. 값비싼 핸드폰을 조르는 자녀들에게 주유 포인트로 기쁨을 줄 수 있다니 겉으로 보면 윈윈(winwin)인 셈이었다. 이는 일정 금액 이상의 주유비 지출과 요금제에 가입시키는 것이 목적이었으므로 특정 사용자가 아니라면 불필요한 지출은 불가피했다.

높은 사용 한도의 신용카드를 소지하려는 사람들도 많다. 바로 '나는 VIP'라는 자부심 때문이다. 일반적으로 연회비가 50만 원 이상이면 일반 사용자와 다른 서비스를 누릴 수 있다. 현대카드의 '더 블랙 에디션2'는 연회비가 250만 원이고, 삼성카드 '라움 오'는 200만 원이다.

1만~10만 원하는 연회비 카드와는 혜택에 뚜렷한 차이가 있는데 보통 항공, 골프, 명품 등에 차별을 두고 있다. 사용 용도가 맞지 않는다면 굳이 블랙, 골드 에디션을 신청할 필요는 없지만, 또 다른 삶의 만족감을 채워줄 수 있다면 비판의 대상은 아니라고 본다.

 ## 신용카드의 장점

1. 현금을 휴대하지 않아도 된다.
2. 선구매 후 결제방식 및
   할부가 가능하다.
3. 신용 및 신분을 증명한다.
4. 카드사에서 제공하는 부가 서비스를 사용할 수 있다.

 ## 체크카드의 장점

1. 현금을 휴대하지 않아도 된다.
2. 통장 잔액에서 지출이 이루어져
   지출통제가 용이하다.
3. 소득공제율이 신용카드의 두 배에 달한다.
4. 연회비 납부 없이 부가서비스 이용이 가능하다.

이처럼 직불카드, 체크카드, 신용카드 각각의 장단점을 알고 개인의 상황과 니즈를 따라 적절히 사용 할 줄 알아야 한다. 신용카드는 신용카드대로 체크카드는 체크카드만의 장점이 있기 때문이다. 하지만 기본적으로 통장의 잔액 범위 안에서 결제가 이루어지는 체크카드의 사용은 불필요한 소비를 지양하고 합리적인 소비 패턴을 구축하는 데 도움이 되는 것만은 사실이다.

참고자료

» 신용.직불.체크카드 뭐가 다를까? - 한겨레
» 신용공여 - BNK 투자증권
» 체크카드 연말타고 성장 - 인베스트
» 신용카드 발급 1억장 돌파 - 뉴시안
» 직불카드 - 나무위키
» 체크카드 - 위키백과

6

거래승인구조와
고착화된 결제 시장

금융위원회(이하 금융위)는 2018년 7월 '하반기부터 달라지는 금융제도'를 발표했는데, 골자는 밴 수수료를 정액제에서 정률제로 개편한다는 내용이었다. 추가로 신용카드 단말기는 IC등록단말기만을 설치 이용하여야 한다고 공지하였다. 영세사업자에게는 단말기 비용을 받지 않고 무료로 지급하고, 그 외 사업자에게는 기존 밴사에서 설치한 단말기를 계속 이용하는 경우 과태료를 부과할 수 있다고 공고했다.

2018년 11월 26일에는 소상공인의 혜택을 늘리는 카드수수료 인하 개편 방안을 발표했다. 더불어 민주당도 개편 환영식을 개최하는 등 시민을 위한 경제를 펼치겠다는 입장을 내비쳤다. 아무래도 우대 수수료율 구간에 해당하는 매출(5억 원) 기준을 30억 원까지 확대하며 연간 가맹점

수수료를 줄여나가겠다는 의견이 강했기 때문이다.

당장 금융위 방침만 놓고 카드수수료 인하를 어떻게 생각하는지 의견을 물어보는 건 다소 무리가 있다. 신용카드는 80년대에 등장했는데 왜 이제야 가맹점주들이 피켓을 들고 거리로 나왔는지, 또 정률제로 돌아선 정부의 입장에서 밴사를 어떻게 바라볼 것인지 등 종합적인 정리가 필요한 부분이다.

가맹점의 수수료 문제를 논하기 전에 국내 신용카드사 결제 구조를 알아야 한다. 크게는 거래 승인, 대금 지급, 결제 대금 회수로 나눌 수 있다. 거래 승인 단계에서는 카드 회원이 물품을 구매하고자 가맹점에서 신용카드를 제시하면 가맹점은 단말기에 카드를 읽힌다. 그러면 가맹점 단말기에서 읽어 들인 거래 정보가 밴사로 전송되고, 밴사는 거래 정보를 카드사에 전송하고 거래 승인을 요청한다.

카드사는 거래 승인을 밴사에 내려주고, 다시 밴사가 가맹점에 승인 완료를 통보하는 수직구조 형태이다. 최종적으로 우리가 흔히 보았던 '승인 완료' 문구가 확인되면 가맹점은 소비자에게 물품을 건네준다.

실제 물품을 구매해보면 통신 상태에 따라 다를 수 있겠으나 10초 내외로 결제가 빠르게 마무리되는 편이다. 그 짧은 시간 동안 가맹점과 밴사 그리고 카드사가 자신의 역할에 몰두하고 있음을 알 수 있다. 종종 잘 사용했던 카드가 읽히지 않는 경우가 있는데 그것은 대부분 요청 과정에서 승인이 불가 되었거나, 단말기의 통신 상태 불량이라고 볼 수 있다.

다음으로는 가맹점에 대한 대금 지급 과정이다. 가맹점은 물품을 판매했다는 증거자료인 매출전표를 밴사에 전송한다. 밴사 역시 이를 카드사에 전달하고, 카드사는 가맹점으로부터 받은 매출전표를 심사하여 정상으로 판별되면 연계된 은행에 가맹점 대금 지불 요청을 한다.

이때 카드사는 가맹점에 지급할 금액에서 가맹점 수수료를 제외하고 또 할부를 했다면 할부수수료 등을 제외하여 가맹점에 지불하는데 보통은 자동이체 방식으로 이루어진다. 이를 전표 매입업무 혹은 매출전표 매입업무라 한다.

끝으로 결제 대금을 회수하는데, 카드사는 회원의 결제일에 앞서 지난달 사용한 신용카드 결제 대금을 청구하고, 회원은 결제 대금 명세서를 확인한 뒤 결제 대금을 정해진 은행의 회원계좌로 입금한다. 카드사는 회원 계좌에 입금된 결제 대금을 출금하면서 결제 대금 회수를 마무리한다.

거래승인 구조

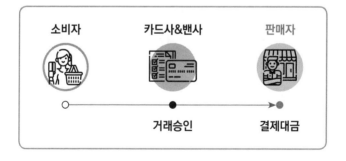

이를 3당사자 거래라 하고, 미국의 경우는 4당사자로서 국가별로 거래 프로세스가 조금씩 다르다. 카드사가 주축이 되어 신용거래의 전반적인 과정을 총괄하는 국내의 시스템과 달리 미국은 카드 발급에서부터 가맹점서비스, 텔레마케팅 등 분업화가 되어 있다. 각각의 프로세스마다 장점이 있는데, 국내의 3당사자 구조는 동일한 조건의 업무를 처리하는 데 있어서 시간을 단축할 수 있다.

문제는 밴사인데, 밴사는 왜 가맹점과 카드사를 이어주는 역할을 하고 있을까? 사실 신용카드를 사용하거나, 가맹점주인 경우라도 밴사가 정확히 어떤 일을 하는지 모르는 사람이 많다. 특히 프랜차이즈 가맹점은 본사에서 다 알아서 해주는 시스템인데다, 영업을 처음 해본다면 신용카드로 결제한 돈이 어떤 방식으로 자신의 통장으로 돌아오는지 파악하기 쉽지 않다.

창업설명회에 가보면 결제 구조보다는 기타 매장과 비교해서 어느 정도의 매출이 나오는지, 타 업종과 어떤 차별점이 있으며 지속적인 운영으로 어떤 혜택을 받을 수 있는지에만 집중하고 있다. 이는 80년대 이후 밴사의 존재에 의문을 품었던 사람이 많지 않기 때문이다.

VAN(Value Added Network:밴)은 부가가치통신망으로서 전송, 교환, 통신 처리 등 정보처리 기능을 담당하고 있다. 국내에 들어온 계기는 1988년 서울올림픽을 유치하면서부터이다. 유명한 백화점과 일부 중산층 이상에만 알려져 있던 신용카드였지만, 지금처럼 인터넷 통신망이 발달되지 않았고 속도나 품질에서도 불편함을 줄 수 있었는데, 그 가려움을 긁어준 게 바로 밴사를 이용한 결제 구조였다.

밴사가 가맹점에 단말기를 설치하고 카드사와의 통신을 원활하게 해주었기에 이후에도 별문제 없이 시간이 흐른 것이다. 그 시간 동안 밴사는 자신의 위치에 만족하지 않았다. 앞 다투어 가맹점을 개설해야 하는 카드사 대신 그 역할을 해냈다.

밴사마다 사용하는 단말기가 있는데 그것을 가맹점에 설치하면 해당 밴사와 연계된 카드사는 모두 사용 가능했으므로 서로 이득인 셈이다. 그뿐만 아니라 매입 업무를 대행하며 카드사에서 요청한 대로 카드 매출 데이터를 정리도 해주며 중계 역할을 톡톡히 해냈다.

카드사는 대가로 가맹점으로부터 얻은 수수료 일부를 나누어 주었는데 매입정산수수료, 전표수거수수료, 거래승인수수료 등 항목이 하나둘씩 늘어났다. 카드대란 때도 아랑곳하지 않고 카드사가 원하는 가맹점만 늘려준다면 그에 따른 수수료도 차등 지급받으며 나름의 입지를 굳히고 있었다.

2015년, 여신전문금융업법 개정으로 밴사에서 제시하는 리베이트를 일체 금지시켰다. 밴사가 늘어나다 보니 경쟁은 불가피했고, 가맹점주 입장에서 무료로 단말기를 설치해 주면서 소정의 수수료도 받을 수 있는 업체를 선정하는 게 당연했다. 금융위는 거래 질서 확립을 목적으로 이러한 지원을 받지 못하게 했는데, 이때부터 조금씩 밴사의 필요성에 의문이 제기되기 시작했다.

지난 7월, 금융위가 발표한 정률제도 이러한 맥락을 잇는다. 예를 들어 기존의 정액제에서는 카드사가 가맹점 유치 건당 100원을 지급했다면, 이제는 총 수수료에서 약정한 10%만 가져간다. 만약 1만 원을 결제하고 300원을 가맹점 수수료 지불했다면 약 30원을 밴사가 받는다는 것이다. 그동안 밴사에 지급했던 수수료의 일부는 가맹점에 돌아간다는 말인데 밴사는 이 상황이 불편할 수밖에 없다.

불필요한 가맹점 수수료는 밴사 만을 놓고 말하는 게 아니다. 카드사 또한 책임 소지를 피할 수 없는데, 그 이유는 결제 대금 지급 시기에 있다. BC카드 홈페이지에 나와 있는 '가맹점 매출대금 입금 안내'에서는 일반 가맹점과 특약 가맹점의 차이를 살펴볼 수 있다.

일반 가맹점	출표 접수일로부터 평균 5영업일 후에 결제계좌로 가맹점 수수료를 공제한 매출금액이 입금됩니다.
자동청구(EDC) 특약 가맹점	비씨카드 회원은행 계좌의 경우 판매일로부터 약 3영업일 후 자동입금 됩니다. 기타은행 계좌의 경우 판매일로부터 약 4영업일 후 자동 입금됩니다.

출처: BC카드

EDC(Electronic Data Capture)는 가맹점의 실적을 근거로 카드사에서 결제 대금을 자동 입금 처리해 주는 서비스를 말하는데, 이 특약이 있으면 따로 카드 전표를 접수하지 않고도 승인 데이터만으로 가맹점 주에게 입금할 수 있다.

비교되는 개념으로 DDC(Data & Draft Capture)가 있는데, 이는 일반적으로 밴사를 거쳐 카드사에 요청하는 것을 말한다. DDC는 모든 카드가 가능하고, EDC는 BC, 삼성, LG 등 자체 결제 전산망을 갖춘 카드사에서만 제공하고 있다.

만약 특약 가맹점으로서 카드사가 포인트 가맹제도를 희망한다면, 가맹점은 별도의 수수료를 지불하고 부담한 수수료만큼 고객에게 포인트 적립 혹은 무이자 할부의 혜택을 돌려주는 방식으로 진행된다. 기존 수수료에 얹어 나가는 포인트 수수료만큼 돌려받는 것이 있어야 하는데 시장의 효과는 시큰둥하다는 의견이 지배적이다.

대신 카드사와 특약을 해지한다면 불이익을 받을 수 있어 자영업자의 고민은 날로 늘어날 수밖에 없다. 그 고민의 일부분이 될 수 있는 게 바로 판매 대금 지급 시기를 뒤로 미루는 것이다. 가맹점 입장에서 물품을 팔고 정해진 대금이 들어오는 시기를 마냥 기다려야만 한다.

통신장애, 카드사 내부 문제로 지급 기일을 뒤로 미루면 그 피해는 누가 보상해 줘야 하는 것일까? 이에 따른 대안 하나 없이 주말, 연휴가 있을 때는 10일을 넘겨 입금되는 경우도 있어 불만이 생기는 게 당연하다.

이 같은 지급 시기를 놓고 자영업자 및 일부 상인들의 불만의 목소리는 점점 커지고 있다. 먼저 불합리로 가득한 이자 수익에 대해 대금을 늦게 지급할수록 카드 거래대금의 이자수익은 늘어나는데 그 수익이 조금도 가맹점주에게 돌아오지 않는다는 것이다.

비단, 신용카드만의 이야기는 아니다. 체크카드 또한 지급주기가 있는데, 신용을 제공하지 않고서 계좌에 있는 금액만으로 결제를 하는데 대금 지급이 늦어지는 이유는 어떻게 설명해야 할까? 이 물음에 답을 찾고자 카드사 몇 군

데에 전화를 해보니, 상담원은 사측에서 정해놓은 정책이라는 말만 되풀이했다. 수수료율 또한 매출실적 및 업종에 따라 달라지고, 신용카드보다는 낮은 편이라는 사실 외에는 별다른 정보를 주지 않았다.

국내 카드 결제 시장에서 발견된 문제점은 점점 수면위로 떠오를 전망이다. 소비자들의 불합리한 구조에 대한 각성이 더 커지기 때문이다. 이러한 움직임에 힘입어 체크카드의 정산주기를 영세 가맹점은 2영업일에서 1영업일로 단축한다는 방침도 있었다.

자체 전산망을 갖추지 못한 카드사를 상대로 가맹점과 직접 연결해 주는 벤처기업도 늘고 있는 추세다. 특정한 밴사의 단말기를 새로 구입하지 않아도 통신망의 상태 및 품질이 떨어지지 않는 시스템을 갖춰주는 시장이 형성되고 있는 것이다.

밴사가 사라진다 해도 오랫동안 유지해온 국내의 결제구조가 하루 아침에 개선되지는 않을 것이다. 오히려 카드사의 수수료 인하가 먼저이고, 그에 따른 수익 분배를 제대로 정립해야 한다는 목소리가 강하다.

신용 카드사가 앞으로 어떤 대안을 내놓을지도 주목된다. 먼저 거론되는 게 구조조정과 과도한 카드 혜택을 줄인다는 데 있다. 구조조정으로 인한 사회 불안정과 자영업자의 소득 감소로 입는 피해가 커지기 전에 가맹점과 카드사 그리고 카드 회원이 서로 상생할 수 있는 방법에 더욱 힘을 모아야 할 때이다.

참고자료 📣

» 카드 사맹점 수수료 어디가 낮나 - 연합뉴스

» 신용카드 가맹점 수수료 인하 둘러싼 4가지 쟁점 - 조선비즈

» 밴 비용 왜 내야 할까 - 조선비즈

» 카드사, 가맹점 입금기일 쥐락펴락 - 조선비즈

» 신용카드 수수료 업종별 구분 없어지지만 - 매일경제

» 가맹점주들 불공정 비판 - 레디안

» 수수료 인하, 카드사 구조조정 - SBS

» BC카드 가맹점 매출대금 입금 약관

» 『신용카드 가맹점수수료의 이해』 탁승호 지음

» 논문 『카드가맹점에 대한 카드사의 수수료 및 대금지급시기의 불공정성』
  정해상 지음

불합리한 결제 시스템에
우는 소상공인

오래전부터 지속되어 온 약정 기간에 따른 위약금 여부, 중복 입금 및 입금 누락 피해 그리고 대금 지급 주기의 변동 사항 등의 이슈로 국내 10여 개 밴사의 입지는 앞으로 점점 더 좁아질 전망이다.

곪으면 터지듯, 금융위의 각종 규제로 자신의 입지를 위협받는 밴사 입장에서는 어떠한 방법으로든 가맹점과의 계약을 유지시키는 게 급선무가 될 수밖에 없다. 보통 5영업일 후에 입금되는 결제 대금에 대해서 명확한 설명은 없이 카드사와 밴사가 서로 책임을 떠넘기기에 바쁜 모양새다. 앞으로는 한 해 매출 천억 원이 넘어가는 대형 밴사들이 이러한 문제와 위기를 어떻게 풀어나갈지도 관심거리다.

2017년 8월, 조선비즈에 기재된 가맹점의 위약금 기사가 밴사의 현실을 여과 없이 보여주었다. 기사에 따르면 약국 영업을 하는 A씨가 단말기를 교체한 뒤 계약기간이 종료되자 다른 밴사와 새로운 계약을 하면서 위약금 문제가 불거졌다.

밴사는 단말기 교체 시점부터 남은 기간만큼 연장한다는 조항을 넣어 놓은 것이었는데, 이를 두고 설명을 하지 않았다는 A씨와 꼼꼼히 읽어 보지 않았다는 밴사의 입장이 부딪히며 논란을 부추긴 경우이다.

이는 A씨만의 문제가 아니다. 밴사들은 업종 및 시기별로 조금씩 다른 계약을 체결하는데 특약 부분에서 언성이 높아지는 경우가 많다. 서로의 이해관계에 의해 특약에서 서로 이득이 되는 조항을 넣기 마련이다. 보통 밴사는 약정 기간을 3년 혹은 5년으로 정하고 타사와의 차이점, 혜택 등을 강조해 계약을 유도한다.

일반적으로 계약서에 적힌 깨알 같은 글씨를 꼼꼼히 읽어보는 사람은 많지 않다. 나중에 오해의 소지가 일어날 수 있는 부분은 형광펜 혹은 굵은 사인펜으로 색칠을 해주며 직접적으로 언급을 해주어야 하는데, 그렇게 하는 밴사는 거의 없다.

현재도 소비자보호원에 단말기 교체로 인한 위약금 관련 신고 건수가 계속 늘어나고 있다. 만약 계약기간 5년을 채우고 타 밴사로 옮긴다고 할 때 기존 밴사에서는 계약기간 종료 후 계약 기간에 대한 내용은 논의된 바가 없다면서 타 밴사와의 계약을 결정한 가맹점주에게 일반적으로 위약금을 요구하는 경우도 있다. 정해진 계약 기간의 만료가 다가오면 미리 가맹점주에게 말하지 않고, 밴사가 교체가 되었을 경우 그제야 해당 조항을 두고 강경한 입장을 고수하는 것이다.

단말기 할부금을 두고도 밴사와 잦은 마찰을 빚는다. 승인 건수를 계약 조건으로 일정 건수 이상이 되면 할부금을 환급받는 조건이 대부분이라 이때 환급이 되지 않는다거나 일부만 환급하여 가맹점주의 원성을 사기도 한다.

일부 밴사의 경우 단말기와 관련한 약정서에는 할부금과 분할 총 횟수만 기재되어 있고, 제품의 품목과 가격을 기재하지 않는다. 그에 따라 발생하는 할부원금, 할부이자율 또 연체 시 가산되는 이자율까지 일목요연하게 정리되어 있는 약정서를 찾아보기는 어려운 것이 현실이다.

가맹점주 B씨는 2015년에 모 밴사와 가맹 계약을 맺으며 승인 건수 100건 이상이 되면 단말기 월부금인 4만 4천 원을 환급받기로 했다고 한다. 처음에는 꾸준히 환급되었으나 이후 승인 건수 조건이 충족되었음에도 불구하고 지급하지 않는다는 점을 발견하자 B씨는 이에 대하여 문의를 했다.

해당 밴사는 확인 후 연락 주겠다고 하거나 또 담당자가 자리를 비웠다는 등으로 몇 차례 전화를 회피하는 듯한 움직임을 보였다고 한다. 잠시 잊힌 뒤 몇 달이 지나 승인 건수가 100건 미만이 되자 밴사는 단순 해지를 통보하며 위약금을 청구해버렸다. 이 같은 사례는 수없이 많다.

약정 기간과 단말기보다 더 많은 피해 사례는 미입금, 혹은 중복 입금이라 할 수 있다. 매출전표를 자동으로 발행하기도 하며 요청에 의해 발행하기도 하는데, 이때 발행한 전표의 대금 지급 시기가 달라 가맹점주도 곤혹스러워한다.

승인 건수가 50건 미만이면 하루 일을 마치고 통장에 입금된 금액을 하나씩 영수증과 비교해볼 수 있으나, 승인 건수가 600건이 넘어가는 점포라면 일일이 확인한다는 것이 결코 쉬운 일이 아니다.

서울의 한 대형 식당은 약 1400만 원을 카드사로부터 입금 받지 못했다고 밝혔다. 넘쳐나는 손님으로 북새통을 이뤄 응대하기에 바빠 카드사가 '알아서 해주겠지'라는 마음으로 영업을 해왔는데, 몇 달 만에 자체 정산을 하다가 뒤늦게 알아차린 경우이다. 해당 점주는 지속적인 항의 끝에 1000만 원에 가까운 돈은 돌려받았으나 나머지 400만 원은 끝내 받지 못했다.

인터넷쇼핑몰과 병행하며 운영하는 의류 업체의 점주도 이와 비슷한 일을 겪었다. 결제 대금 800만 원을 받지 못했다는 사실을 발견하자 카드사에 항의를 통해 절반은 받았으나 나머지 금액은 전산오류가 입증되지 않아 지급할 수 없다는 말만 되풀이해서 듣다가, 결국 소비자보호원을 찾아간 경우이다.

이처럼 금액이 큰 경우라면 개인적으로 정산을 하면서도 발견할 수 있지만 소액을 결제한 후 그 대금이 누락되었다면 찾을 방법이 없다. 일괄적으로 혹은 건수마다 달리 지급되다 보니 상인들은 업체를 믿는 것이 전부이지, 하나씩 확인하며 찾는다는 건 사실상 어려운 일이다.

매출대금 산정도 가맹점이 직접 전표를 전달하여 처리할 수 있지만, 수작업으로 하는 점주는 거의 없다. 대부분 밴사에서 처리해 주거나 결제 시 직접 카드사로 전표가 전송되는 시스템을 채용하므로 증거자료를 수집해도 일방적인 의견에 불과하다.

단말기, 전표처리 외에도 정산일의 허점을 노린 사기행각도 벌어졌다. 지난해 경기도의 한 음식점에서 일하면서 수년에 걸쳐 억대의 결제금을 가로챈 L씨의 일화는 충격적이었다. 사건의 발단은 대형 음식점의 총 지배인인 L씨가 몸담고 일하는 가게의 사장이 카드사 및 기타 업체만 믿고 특별히 정산을 하지 않는다는 것을 파악하고 손님들에게 현금 결제를 유도했다.

일단 손님이 현금을 내면 카드수수료 만큼 혹은 일정 금액을 할인해 주겠다고 말한 뒤, 자신은 현금을 받고, 실제 계산해야 할 금액은 개인의 신용카드를 사용하여 결제를 했다. 최소 영업 3일 이후에 대금이 지급되기 때문에 그 사이 자신이 결제한 신용카드의 승인을 취소하는 방식으로 돈을 가로챘다.

4년 가까이 범행이 밝혀지지 않은 것은 점주의 관리 소홀도 있지만 신용카드의 결제 시스템에도 문제가 있다는 걸 의미했다. L씨는 이런 방법으로 한 번에 적게는 3~4만 원, 많게는 50만 원에 해당하는 금액만큼을 조금씩 가로챘고, 결국 그렇게 모여진 돈은 1억 원에 달하는 것으로 검찰 조사에서 드러났다.

카드사와 밴사의 담합, 밴사가 가맹점주와 계약을 체결하며 발생한 리베이트등의 문제로 이러한 피해는 알려진 사례 외에도 수없이 많다. 본질적인 시스템 개혁을 외치는 이유이기도 하다.

다행히도 최근에는 입금 누락을 방지하고자 밴사로 넘어가는 전표를 대신 처리해 주며 일별 승인 건수를 정리하여 알려주는 업체도 생겨났다. 모든 카드사의 매출 자료를 매일 확인하여 지급 보류 또는 결제 취소를 즉시 알려준다.

당일 취소한 것을 제외하면 가맹점주의 불편을 줄이는 데 도움이 된다는 의견이 많다. 밴사와 카드사의 정산 오류 및 지연되는 대금 지급 시기 등을 간단하게 체크할 수 있는 핸드폰 어플들도 늘어나고 있다.

2018년 '금융위'가 발표한 카드 결제 대금 지급주기 단축안도 국내 카드 결제 시스템의 문제를 수면 위로 올려놓는데 한몫을 했다. 카드사와 밴사 그리고 가맹점주의 구조에서 결국 입지가 더욱 좁아지는 건 밴사이다. 기존 대형 밴사를 비롯한 관련 업체도 가맹점주가 아닌 카드사측과의 관계를 우선하다보니 가맹점주들의 원성을 사고 있다.

그렇다고 현 상황을 밴사의 문제만으로 넘겨 버릴 수는 없다. 카드사 또한 카드수수료 인하 뿐 아니라 정산주기와 카드 매출 누락 등의 이슈에 관해 가맹점주들의 목소리에 귀를 기울이고 적극적으로 상생의 묘를 발휘해야만 할 시점이라 하겠다.

참고자료

- » 대금 정산 플랫폼 절실 – 전자뉴스
- » 4년여간 뒷주머니 – 연합뉴스
- » 대안 마련해야 – 전자신문
- » 자영업자가 카드사에 돈 떼이지 않으려면 – 조선비즈
- » 카드결제 문제투성이 – 충북일보
- » 위약금 100만원 – 조선비즈
- » 밴사와 가맹점의 뒷돈 거래 – 중앙일보
- » 가맹점 상대 횡포 심하다 – 소비라이프
- » 카드결제대금 관련 사고 막을 수 있는 방법은? – 신신엠엔씨
- » 소상공인 카드 결제대금 지급 빨라진다 – 중앙일보

제2장

스마트 혁명의 시대, 변해가는 결제 시장

1

새로운 화폐의 등장

지금은 그야말로 화폐 전성시대이다. 달러, 유로화 등 기축통화 경쟁이 생겨난 지 한 세기도 지나기 전에 가상화폐까지 등장했으며, 그로 인해 기존의 결제 시스템 및 화폐의 가치들이 변화를 겪고 있다.

엄밀히 말하자면, '가상화폐'는 '암호화폐'이다. 대표적인 예로 비트코인을 들 수 있는데, 2012년 유럽중앙은행(ECB)에서 가상화폐의 정의를 내렸다. 가상화폐란, '정부에 의해 통제를 받지 않는 디지털 화폐'여야 하고, '개발자가 발행 및 관리'를 해야 하며 '특정한 커뮤니티에서만 통용'되는 결제 수단이다.

하지만 가상화폐로 가장 핫한 비트코인과 이더리움은 이를 발행하고 관리하는 중앙 집중식 주체가 없다. 정부를 무시한 채 발행되다 보니 때로는 언론의 몰매를 맞기도 했다. 그러나 사용처가 부족해 화폐로 인정받기는 어렵다는 견해에도 불구하고 순항 중인 것으로 보인다.

2018년 베네수엘라는 경제 위기를 암호화폐 채굴로 넘기려 했고 현재도 진행 중이다. 석유 기반의 국가에서 이제 그 가치를 오일 코인으로 바꾸려는 것이다. 나라의 주권 화폐가 있음에도 불구하고 경제적인 위험으로부터 돌파구를 찾으려고 새로운 선택을 한 경우라 볼 수 있다.

인터넷 등 가상공간 안에서 현금화시킨 돈으로 결제하는 방식은 오래전부터 행해져 온 것이고 우리가 익히 아는 것들이다. 온라인상의 아바타를 꾸미기 위해 현금을 사이버 머니로 바꿔 결제한다. 또, 좋아하는 인터넷 방송 유저에게 선물이라며 별풍선(사이버머니)을 쏘기도 한다. 이처럼 우리는 어느덧 이미 현금을 뛰어넘은 새로운 화폐를 사용해 왔었다. 단지, 그것이 우리의 화폐 질서를 통째로 바꿔 놓을 만큼 상용화되지는 않았기에 낯설게 느껴질 뿐이다.

그럼에도 가상화폐는 점점 더 영향력을 키우며 우리 삶에 조금씩 스며들고 있다. 짧은 기간이었지만 거래소가 생기고 주식시장을 위협하는 대항마로도 손색이 없어보였다. 사람들은 새로운 화폐의 등장에 기뻐했고, 고작 8원에 불과했던 비트코인이 8년 뒤 2,000만원을 뛰어넘자 많은 사람들이 신분 상승의 최대 기회라 여기며 환호했다.

 이렇게 많은 사람들을 설레게 한 가상화폐의 핵심 기술은 바로 블록체인이다. 암호화폐는 블록체인 시스템에 기반을 두고 있는데, 블록체인은 데이터 분산 처리 기술을 일컫는다. 다시 말해, 네트워크에 참여하는 모든 사용자의 모든 거래 내역을 분산하고 저장하는 기술이다.

 일반적인 금융거래에서 A가 B에게 100만 원을 송금한다면 은행이 중간 역할을 하지만, 블록체인 기술은 A와 B뿐만 아니라 이 네트워크에 참여한 모든 사람이 중간에서 그 사실을 증명해 준다. 만약 누군가 A와 B의 이체 내역을 없애고자 은행의 서버에 침투한다면, 시간은 다소 걸릴지라도 실현 불가능한 게 아니지만, 블록체인 시스템에서는 하나의 네트워크 사용자를 공격한다고 해서 이체 내역을 갈취할 수 없다. 그 사실을 증명하는 사람은 혼자가 아니기 때문에 안정성에서 당연히 우위를 점하는 것이다.

물론 블록체인이 중앙기관과 은행을 대체할 것이라는 의견은 섣부른 판단일지 모르나, 사용자들을 흥분시키기에는 충분했다. 중요한 건 은행의 존재 여부가 아니라 블록체인 시스템에서 탄생한 새로운 화폐이고, 그것이 현실에서 사용된다는 데 있다.

사실 아직 사용처는 기대에 미치지 못하고 있다. 비트코인 사용처를 종합한 코인맵 사이트를 살펴본 결과 세계 각국의 비트코인 가맹점은 1만 3천여 개에 불과하다. 이 같은 느림보 확장은 암호화폐가 인정받지 못하는 이유 중 하나이다. 그럼에도 기회의 창일 수 있다고 보이는 건 대기업들이 조금씩 관심을 보인다는 사실 때문이다.

국가가 주도한 베네수엘라의 오일 코인 '페트로'에 이어 일류기업 스타벅스의 가상화폐 참여 사실은 뉴스 1면을 장식하기에 충분했다. 외신에 따르면 스타벅스는 뉴욕증권거래소 모기업인 인터컨티넨탈 익스체인지(ICE), 마이크로소프트(MS)와 협력하여 비트코인 거래소인 백트(Bakkt)를 설립한 것으로 전해졌다.

관계자는 결제와 연동할지에 관해서는 논의된 바 없다며 선을 그었지만, 디지털 자산의 보안성, 활용성 등을 고려해 기관투자가 및 상인, 소비자들의 참여를 넓히려는 의도는 사실임을 인정했다.

뒤이어 발표한 '라쿠텐코인' 또한 세간의 주목을 받았다. 일본 기업 라쿠텐은 시가총액 125억 달러를 넘는 일본 최대의 전자상거래 업체이다. 올해 코인 거래소 중 하나인 '모두의 비트코인'을 인수했다.

이러한 관심은 갑자기 생겨난 게 아니었다. 라쿠텐은 2016년 영국에 블록체인 연구소인 라쿠텐 블록체인 랩을 설립하고, 지속적인 연구를 진행해왔었다. 그룹 차원의 결정이었고 라쿠텐의 다양한 사업 분야를 연결하는 데 암호화폐의 활용 가치를 염두에 둔 것이다. 대규모 플랫폼 기업인 라쿠텐과 상상 속 화폐인 암호화폐가 만나 소비자들의 결제 흐름을 어떻게 바꿀지도 관심거리이다.

투기 성향이 짙었던 암호화폐와는 달리 조용히 성장해온 화폐도 있다. 지역화폐가 그것인데, 말뜻 그대로 발행 지역에서만 사용 가능한 화폐이다. 서울, 성남, 전남 등을 비롯해 전국에 퍼져나가고 있으며 그 성장세가 더디지 않다.

이 역시 갑자기 나타난 건 아니다. 지역화폐의 모태는 지자체 상품권이라 할 수 있다. 일부 지역에서는 발행한 지 벌써 20년이 다 되어 간다. 대표적으로 대전에서 발행한 화폐 '두루'가 있다. 2000년 당시 '한밭레츠(Local Exchange Trading System)'라는 지역공동체 회원 70여 명을 중심으로 퍼져나갔고, 10년 뒤 400명을 돌파했다. 긴 시간 화폐로서 인정받을 수 있었던 이유는 일종의 쿼터제가 있었기 때문이다.

조항은 단순하다. 회원들끼리 물품을 주고받거나 대가를 지불해야 하는 상황이면 최소한 두루를 30% 이상 사용해야 한다. 두루만 사용했다면 유통과정에서 수급이 맞지 않을 수 있으나, 현금과 혼용하다 보니 꾸준히 사용될 수 있었다. 역시나 사용처가 부족해 불만도 있었지만 계란 한 판을 사거나, 지역 주민이 개설한 강의의 수강료를 지급하는 데에는 더없이 좋은 수단이었다.

그에 비하면 온누리 상품권은 상당히 진화한 지자체 상품권이다. 2015년 첫 삽을 뜰 당시에 화폐로 인정받기 힘들다는 의견도 많았다. 일부 상인들은 계산이 복잡하다며 받지 않았고, 액수에 따라 60% 이상을 사용해야만 거스름돈을 받을 수 있는 불편함, 또 일명 '상품권깡'도 불가피했기 때문이다.

하지만, 지금은 전국의 유명 시장을 시작으로 작은 동네 시장까지 온누리 상품권이 유통되고 있다. 가맹점은 해마다 늘어 서울은 300여 곳을 돌파했고, 판매처만 해도 1,300곳이 넘는다.

지역화폐는 이제 시작이다. 서울 노원구에서 발행한 지

역화폐는 디지털머니의 개념이 도입되었다. 헌혈 혹은 노원구에서 인정한 봉사활동을 하면 해당 시간만큼 화폐로 돌려준다. 수기로 남겨 학교에 제출했던 전과는 달리 지갑에 곧바로 돈이 들어온다는 생각에 회원은 기하급수적으로 증가하고 있다.

2018년 초 사용자 1,000명을 갓 돌파했던 화폐 '노원(NW)'은 4개월 만에 5천 명을 넘었고, 가맹점 수도 70여 곳이나 된다. 주차장, 서점, 카페 등에서는 해당 앱을 실행하여 QR코드를 통해 결제하며 젊은 층의 사용도 독려했다.

전남 곡성의 '심청상품권'도 지역화폐의 성장에 기틀을 마련했다. 발행은 2001년부터 했으나 주목을 받은 건 2017년이 되어서다. 전남일보의 보도 내용에 따르면 연평균 약 13억 원, 총 228억 원을 판매한 것으로 집계되었고, 2018년 상반기에만 벌써 17억 원을 돌파하며 타지역의 부러움을 사기도 했다.

심청상품권이 이처럼 널리 유통될 수 있었던 이유는 섬

진강 기차 마을의 입장료를 기존 3,000원에서 5,000원으로 인상했고, 인상한 2,000원을 심청상품권으로 돌려주었기 때문이다. 금액은 적을지 모르지만, 관광객 입장에서는 2,000원을 사용하기 위해 해당 상품권 사용처를 찾게 되므로 지역 경제 활성화에 도움이 되는 것이다. 해당 관청은 모바일과 결합해 더 많은 방문객을 맞이하여 전남 지역 경제 활성화에 일익을 담당하고 있다.

이처럼 가상화폐에 이어 암호화폐 그리고 지역화폐까지 소비를 장려할만한 아이디어 화폐는 지속적으로 생성되고 있다. 게다가 코로나로 인해 집합 금지명령이 떨어지고 속수무책으로 생계를 위협받는 업종들이 늘어나며 정부는 재난지원금을 국민들에게 대대적으로 지급했다. 이를 지급할 때도 신용카드로 받게 하거나 충전식 카드에 담아 편리하게 사용할 수 있도록 기획 했다.

이처럼 생각지도 않던 이슈에 의해서도 결제 수단의 다양화는 불가피하다. 인터넷 은행 카카오뱅크의 카카오페이, 국내 최대 포털사이트 네이버의 네이버페이, 삼성카드의 삼성페이 그리고 가상의 화폐, 지역화폐까지 국내판 화폐 전쟁은 이제 막 포문을 열었을 뿐이다.

더욱이 10만 원권 지폐 발행의 가능성도 있어 혼란이 가중될 수 있다. 5만 원권 지폐 발행 이후 10만 원권 수표 사용이 급감한 것만 보아도 생각해볼 수 있는 문제이다. 편리함 대신 혼란이라 표현한 건 씀씀이 단위가 그만큼 커질 수밖에 없기 때문이다. 사실 3만 원을 사용해야 하는 사람이 5만 원 지폐를 들고 다니면 결국 모두 소비해버린다. 그렇다 보니 10만 원 지폐가 생기면 굳이 전액을 소비하지 않아도 되는 사람한테는 과소비의 원인이 될 것이다.

종잡을 수 없는 화폐시장이 언제 정리될지는 아무도 모른다. 이미 상당히 진행되고 있음에도 혼란을 겪고 있는 이유는 이에 관한 제대로 된 캠페인이나 금융교육의 서비스 대신 그저 확장에만 골몰하는 것도 원인중 하나라 할 수 있다. 국민들의 모든 사회적 활동은 결국 경제적인 이윤을 추구하기 위해서이다. 그 한가운데를 관통하는 화폐에 대한 정확한 지식과 기준을 바로 세우는 일에 정부나 개인 모두 관심을 쏟아야 할 것이다.

전자화폐	지급 결제의 수단으로 화폐 대신에 기존 화폐가 가지는 성질을 전자적인 정보로 변환시킨 것이다. 화폐의 가치를 가지고 있으나 수단이 종이나 금속이 아닌 디지털 정보이다. 그 대표적인 예가 비트코인이다.
지역화폐	특정 지역에서 자체적으로 발행해 특정 지역 내에서만 소비되는 화폐이다. 그 형태에 따라 지류형, 카드형, 모바일형 등으로 나뉜다. 지자체에 따라 일정 비율의 할인을 받을 수 있으며 업주들은 신용카드보다 저렴한 카드 수수료를 기대할 수 있다.
상품권	권면에 적혀 있는 금액에 해당하는 상품이나 물품으로 교환할 수 있는 유가증권의 일종이다. 백화점, 구두, 정유, 도서, 문화상품권 등으로 그 종류가 다양하며 최근에는 온라인과 모바일 상품권까지 등장해 편리성이 높아졌다.
긴급재난 지원금	자연현상으로 인하여 사망하거나 실종된 사람, 부상을 당한 사람, 주택이나 주 생계 수단에 재해를 입은 사람들의 재난 복구 및 구호를 위해 국가가 지원하는 돈이다. 코로나19 위기 대책의 일환으로 2020년 5월 11일부터 전 국민을 대상으로 지급한 바 있다.

참고자료

» 비트코인 커피한잔? – 국민일보

» 라쿠텐 모두의 비트코인 인수 – 토큰포스트

» 대전에서만 통화는 화폐 – 대전일보

» 지역화폐 지역경제의 마중물 될까? – 한겨레

» 잘 나가는 곡성심청상품권 성공비결 배우자 – 전남일보

» 온누리상품권 홈페이지

1. 새로운 화폐의 등장

2

새로운 보안 수단

어느덧 새로운 보안 수단으로 일상생활에서 사용 중인 안면 인식은 2002년 개봉한 〈마이너리티 리포트〉를 통해 대중들에게 각인되었다. 안면 인식 이론을 소개할 때 자주 참고 영상으로 쓸 만큼 훌륭한 장면들이 많다. 영화 중에 누명을 입은 존 앤더튼(톰 크루즈)이 도망을 다니다가 출입구에서 홍채를 인식시키는 장면이 나온다. 그 순간 보안장비는 앤더튼 대신 사카모토라는 인물로 인식한다. 어떻게 된 일일까?

영화의 이 장면은 홍채를 인식시키는 과정을 보여준다. 이때만 하더라도 영화에서나 나오는 기술로 인식되었지만, 이제는 스마트폰에서 적용하여 폰의 잠금을 해제 한다. 영화에서나 가능하지 현실 적용이 가능 하겠냐는 소리를 듣던 기술이 말이다.

　안면 인식이 실용화된 것은 기존에 다루었던 홍채나 지문, 정맥보다 활용 가치가 높다고 판단했기 때문이다. 산업 전반에 사용될수록 단순히 누군가를 인식하는 데 지나지 않고 결국 대금을 결제하는 수단에 활용될 가능성이 매우 높다. 더불어 보안 시스템에까지 자리매김 한다면 전 세계에서 널리 사용 중인 전자 도어락은 이제 찾아볼 수 없게 될지도 모르겠다.

　생체인식기술 이전에 이 기술의 조상이라 불리는 지문 인식 기술이 있다. 익히 알려져 있고, 허점도 많다는 걸 알지만 여전히 사용하는 이유는 지문이 똑같을 확률이 매우 적기 때문이다. 전문가들은 지문이 같을 확률이 10억 분의 1 정도라고 말한다.

지문의 상이성을 처음으로 파악한 사람은 영국의 외과 의사 헨리 폴즈(Heny Faulds)였다. 1880년 헨리의 연구에 이어 1892년 영국이 유전통계학자 프랜시스 골턴(Francis Galton)이 자신의 저서 『핑거프린트』에 중요성을 강조한 바 있다.

같은 해 일어난 살인사건을 지문으로 해결한 사실이 알려지며 이후 지문은 수사에 있어서 중요한 자료로 활용되었다. 우리가 흔히 사용하는 지문인식 시스템은 1960년대 후반부에 도입된 스캐닝 기술이 발전한 것이다.

지문인식에 사용되는 대표적인 방법은 광학식과 반도체 방식이다. 광학식은 가장 널리 이용되는 방식인데, 강한 빛을 인식 장비의 한 층인 플래튼(platen)에 쏘인 뒤 그 층에 올려진 지문의 형태를 반사시킨다. 반사된 지문의 모양은 렌즈를 통해 입력되고, 기존에 입력시켜 놓은 정보와 일치하는지를 판별한 후 결과를 도출한다.

반도체 방식은 피부의 전기 전도 특성을 이용하여 인식시키는 방식인데, 실리콘 칩 표면에 지문을 올려놓은 뒤 전기 신호를 흘려주어 미세한 형태를 읽고 미리 입력된 데이터와 비교하여 검증한다.

국내에는 2003년 서울시청을 비롯한 지자체가 IC카드를 뒤로하고 출퇴근 체크를 지문인식으로 대체했다. 2008년 공항에 도입되어 해외 출입국 시 여권 판독과 더불어 본인 확인 절차에서 지문인식 및 얼굴 촬영 과정을 거쳤고, 2010년부터는 입찰 브로커 및 페이퍼컴퍼니 등 부정 입찰을 막고자 정부 전자조달 시스템에 지문인식으로 신원확인을 강화한 바 있다. 2012년부터는 미아 찾기에 활용되어 경찰청에서 사전 지문 등록제를 실시했고, 실종자 찾기에 도움을 주고 있다.

지문 인식은 결제 시장에도 빼놓을 수 없는 수단이 되었다. 단순히 보안 숫자를 입력하는 건 스스로가 아닌 타인도 할 수 있다는 생각에 지문 인식이 주목받게 된 것이다. 물건을 구매하고 최종적으로 신원을 확인하는 차원에서

2. 새로운 보안 수단

지문을 인식시킨다는 건 복잡한 절차가 필요 없다는 점에서 높게 평가 되고있다.

다만, 고정된 수단을 사용한다는 점에서 활용도에 한계가 올 것이라는 의견도 있다. 오히려 기존의 복잡한 보안 코드 입력이 안전하다는 것인데, 지문을 복제하여 사용한다면 더 큰 위험을 가져올 수 있다며 각별한 주의를 상기시켰다.

정맥인증 기술은 롯데카드가 선보인 '핸드페이' 결제 시스템에서 찾아볼 수 있다. 먼저 정맥은 동맥계를 지나 순환한 혈액이 심장으로 돌아갈 때 거치는 혈관이다. 지문 인식과 마찬가지로 기술에 활용될 수 있었던 이유는 사람마다 다르고 변동성이 희박해 복잡한 하드웨어 구성으로 비용을 낭비하지 않아도 된다는 점 때문이다.

적외선을 혈관에 투시한 후 헤모글로빈에 반사된 적외선이 지닌 데이터를 기록하여 신분을 확인하는 방식인데, 복제가 거의 불가능해 우수한 보안성을 자랑한다. 이 기술은 1997년 일본의 히타치, 후지쯔사가 손가락 스캐닝을 이용하여 인식할 수 있는 범위를 확대해 나갔다.

2004년 미 연방수사관들은 당시 저널리스트 대니얼 펄 (Daniel Pearl *1963~2002 미국 월스트리트 저널의 기자, 파키스탄에서 사망)이 참수당 하는 영상 기록에서 가해자의 손바닥 사진을 캡쳐하여, 유력 용의자였던 알 케이다 첩보원 셰이크 모하메드(Sheikh Mohammed)의 정맥과 일치하는지를 판별하는데 사용했었다.

신원 확인 및 기타 인식 시스템에 국한될 줄 알았던 정맥인증은 스마트폰의 발달에 힘입어 다시 대중 앞에 우뚝 섰다. 국내에서는 롯데카드가 지난 2017년 5월 정맥인증 기술을 도입한 핸드페이 시스템을 시장에 선보였다. 현금과 카드와 핸드폰이 필요 없다는 키워드로 고객을 맞이했으나 사용처가 적어 의도와는 다르게 조용한 움직임을 보였다.

핸드페이 1호 매장은 서울 롯데월드 타워점의 무인 편의점이었고, 차츰 서비스를 확대해나갔으나 현재 20여 곳

2. 새로운 보안 수단

에 불과하다. 부진한 성적표를 거두게 된 이유는 홍보가 미흡한 면도 있었지만 해당 가맹점에서 원치 않는다면 핸드페이를 강요할 수는 없다는 게 카드사의 반론이었다.

안면 인식 기술은 해당 부위를 개별 픽셀화하여 얼마나 빠르고 정교하게 분석하는지가 관건이다. EVM(Eulerian video Magnification) 기술은 알고리즘 범위를 지정하여, 해당 위치에 피부를 잘게 쪼개는 듯한 픽셀화 과정을 거쳐 붉은 색상의 변화에 따라 심박수을 측정해낸다.

카메라에 얼굴만 인식시키면 자신의 건강상태를 알려주는 앱도 이와 같은 원리를 적용한 경우이다. 혈액검사를 하지 않기에 정밀함은 떨어질지 몰라도 많은 비용과 시간을 들여 건강검진을 받지 않고도 기본적인 나의 몸 상태를 파악할 수 있는 것이다.

페이스북의 프로필 사진이나 구글 포토도 마찬가지다. 해당 사이트에서 수집한 사진 몇 장만을 가지고 자신과 비슷한 3D인물을 만들어낼 수 있다. 헐리우드 영화 제작사에서는 얼굴에 캐릭터를 입힐 때 이 기술을 활용하기도 한다. 전자상거래 업체인 아마존 또한 안면 인식 기술에 관심을 보이고 있다. 자회사인 스타트업에서 개발한 초인종 카메라로 범죄자를 인식하는 기술을 미국 특허청에 전달한 상태이다.

벨소리가 울리고 낯선 목소리가 들려온다고 해도 염려할 필요가 없다. 범죄자의 얼굴을 미리 인식만 시켜놓으면 초인종 카메라가 그것을 분석하여 범죄자인지 아닌지를 구별한다. 범죄자라면 곧바로 인근 경찰서에 연락이 갈 것이고, 그렇지 않다면 조심스레 방문 목적을 물어보면 된다. 단지 얼굴을 인식하는 데 그치지 않고 사람들의 안전에 도움을 줄 수 있다는 게 안면 인식 기술을 높게 평가하는 이유 중 하나이다.

그럼에도 불구하고 여전히 안면 인식이 우리를 위협할 수 있다는 의견도 적지 않다. 홍채나 정맥 등은 자신의 몸을 인증시키는 과정에서 명시적으로 승인을 요구한다. 누군가 핸드폰을 훔쳐 갔어도 자신의 눈동자와 똑같은 게 있지 않은 이상은 쉽게 열어볼 수 없다. 반면 안면 인식은 승인을 요하지 않는다. 센서 앞에 자신의 얼굴이 있지 않아도 사진 몇 장만을 가지고도 문을 통과할 수 있다.

또 '페이스오프(face off)' 같은 역설적인 주장도 이상한 건 아니다. 지난 2014년 디자이너인 아담 하베이(Adam Harvey)는 안면 인식이 얼마나 위험한 지를 알리기 위해 해당 원단으로 제작된 옷을 입고, 헤어스타일 및 메이크업을 바꿔가며 얼마나 정확히 안면 인식하는지를 실험한 결과 전적으로 신뢰하기는 어렵다는 결론을 냈다.

앞서 언급한 생체 인식 기술 이외에도 보이스 인증으로 신원을 확인하는 BC카드의 '페이북' 시스템 등 현재는 무분별하게 쏟아지는 기술을 받아들이기가 힘든 실정이다. 보안성은 우수할지 몰라도 새로운 결제 및 인증 방식이 보편화되려면 기존 고객 및 가맹점에서 적극적으로 수용해야 한다. 도입을 고려한 가맹점주들은 등록 절차가 복잡하고 해당 시스템을 설치한다 해도 정작 사용하는 사람은 많지 않다며 고전적인 방식을 선호했다.

아직까지 안전이나 사용방법, 절차 등의 이유로 부정적인 의견이 많지만, 결과적으로는 시간문제일 가능성이 크다.

좋은 예로 PC방의 무인충전 시스템을 꼽을 수 있는데, 카운터에 앉아 계산표와 씨름하는 계산원 대신 무인 결제 기기가 놓여 있다. 할 일이 줄어든 아르바이트생은 그만큼 손님에게 고품질 서비스를 제공하고 PC방은 패스트푸드 매장을 연상케 한다.

단순히 PC게임을 즐기는 데 그치지 않고, 그들이 좀 더 머물러 있을 수 있도록 테이크아웃 커피, 음료, 식사까지 새로운 시스템이 생겨났다. 이처럼 지금은 지지부진해 보이는 지금의 인증 기술도 머지않아 우리 삶 깊숙이 들어와 소비를 장려할 게 틀림없다.

참고자료

- » 피할 곳이 없는 안면 인식 기술의 무서운 이면 – 아이티월드
- » 얼굴인식 기술, 보안의 트렌드를 바꾸다 – 전자신문
- » 지문인식기술 역사와 원리 – 와이티엔사이언스
- » 스마트폰 생체 인식 기술, 문제는 없을까? – 스마트피시사랑
- » 정맥인증 기술 자리잡기 힘든 이유 – 중앙일보
- » 롯데 야심작 핸드페이 반년 넘도록 지지부진 – 더피알뉴스

3

새로운 개념의 카드 결제

미국의 경제학자 제레미 리프킨(Jeremy Rifkin)은 '제3의 물결'을 설명하며 인류의 미래를 점친 바 있다. 소유는 끝나고 공유의 시대가 오리라는 그의 말은 경제학자를 꿈꾸는 많은 학도에게 영감을 주었는데, 지금과 같은 급변하는 시대에 이러한 예측마저 할 수 없는 상황에 이르렀다. 일반인이 제3차 산업혁명과 제4차 산업혁명을 구분하기도 힘든 시점에서 산업 생태계는 계속해서 진화 중이다.

인공지능 기술이 제4차 산업혁명의 핵심적 소재이다 보니, 선두주자들은 투자에 대한 결정을 늦추지 않고 있다. 금융업계는 '핀테크(fintech)'라는 명목으로 편리하고 간단한 결제 시스템에 굶주려 있는데, 마스터카드, 시티은행 등 일류 금융회사의 투자 동향도를 따라가기도 벅찬 실정이다. 또한 국내의 대기업까지 자체 기술 개발에 힘을 쏟고 있으며, 핀테크 스타트업 시장의 진출을 호시탐탐 노리는 분위기이다.

올인원 신용카드는 여전히 매력적인 결제 시스템이다. 적극적으로 사용하는 회원들도 있지만 고전적인 느낌을 좋아하는 사람들도 있어 확산속도는 빠르지 않다. 어쨌든 1인 기본 3~5개씩 가지고 다니던 카드를 하나로 묶을 수 있다는 건 획기적인 생각이었다. 해외 스타트 기업이 지난 2013년 올인원 아이디어를 도입한 기술을 선보였고, 지금은 카드사마다 고객들을 잡기 위한 패키지 상품을 내놓고 있다.

올인원 카드는 활용도가 다양한데, 현재 출시되어 있는 카드사의 상품이 이해를 돕는다. KB은행의 '알파원카드'는 자체 시스템인 앱카드를 활용하고 있다. 앱카드란 별도의 카드 신청 없이 결제할 수 있는 모바일 카드인데, 보유하고 있는 카드 여러 장을 앱에 등록하여 원하는 것만 선택해서 사용할 수 있다.

가령 온라인으로 물품을 구매 시 A카드가 B카드보다 혜택이 더 좋다면 A카드를 선택하는데, 미리 등록을 해놓았기 때문에 별도의 진행 과정이 필요 없다. 번거로움을 피하기 좋으며 한 발 더 나아가 오프라인에서도 현 시스템을 활용할 수 있다. 알파원카드를 신청하여 오프라인에서 사용하고자 할 때, 스마트폰 앱카드와 연동한 뒤 오늘 결제할 카드를 선택하면 끝이다.

또한 단순히 카드를 기기에 읽히는 것 이외에도 모바일로 QR코드를 인식시켜 물품을 구매할 수 있다. 즉 '오토 체인지'라 불리는 이 기능으로 온오프라인 가맹점에서 여러 장의 카드 대신, 한 장의 카드로 모든 결제를 진행할 수 있다.

3. 새로운 개념의 카드 결제

반면 앞선 기술이었지만 실패로 돌아간 경우도 있다. 실리콘 밸리의 스타트업 기업인 'Plastc'은 2014년 올인원 터치스크린 카드 개발을 시작했다. 후원금이 빠르게 들어오기 시작했고, 진행이 순조로운듯했으나 파산을 면치 못했다. 원리는 간단하다. 터치스크린 카드를 모바일과 연동하고 몇 장의 카드를 등록하면 카드 표면에 아이콘이 생성된다.

스마트폰 앱처럼, 카드 표면에서 자신이 등록한 신용카드를 이리저리 돌려가며 선택할 수 있는 것이다. 최대 20장까지 탑재가 가능하며 '바코드' '마그네틱 선' 'NFC'도 인식이 가능해 기대를 모은 아이디어 제품이었다. 9백만 달러까지 모으는데 성공했으나, 제품의 배송 지연 또 고객 응대 미비 등 각종 서비스에서 문제가 드러나며 결국 고객들의 외면을 받았다.

사실 이러한 기능의 카드는 국내 기술만으로도 충분하다. 통신회사인 KT가 2017년 시장에 내놓은 'KT클립카드'는 Plastc사가 겪은 고민을 할 이유가 없었다. KT는 카드사가 아니기 때문에 KB은행의 알파원카드처럼 타사 카드 등록에 제한을 두고 있지 않다. 스마트폰 앱과 연동하여 카드를 등록하는 것은 동일하며, 현재는 비씨, 하나, 롯데, K뱅크 등의 카드를 취급하고 있다.

신용카드와 체크카드 10개, 멤버십 카드 10개, 선불형 교통카드 1개를 포함해 담을 수 있는 용량 또한 뛰어나며, 카드의 한쪽 면의 엄지손톱만 한 터치스크린에는 교통, 결제, 블루투스, 배터리 아이콘까지 누를 수 있어 눈을 즐겁게 한다. 안타깝게도 출고가가 10만 8천 원이라 기존 카드사에서 제공하는 무료 혹은 저렴하게 발급 가능한 올인원카드를 따라가지 못하고 있는 실정이다.

카드 발급이 줄어들 것을 대비해 결제 시 돌아오는 혜택에 집중한 상품도 있다. 2018년 하반기에 출시한 신한카드의 '마이샵(MySHOP)' 서비스는 자동으로 쿠폰을 적용해주는 시스템이다. 아직까지는 편의점이나 프렌차이즈 음식점에서 카드를 내밀면 기타 포인트 카드가 있는지 물어본다. 꺼내기 귀찮아서 없다고 하는 경우도 있고, 알뜰살뜰하게 캐시백을 위한 노력을 감수하는 이들도 있다.

한 번의 결제에 모든 게 제공되면 편리하다는 생각에 일부 카드사들 역시 카드 자체에 그러한 기능을 담아놓기도 했었다. 신한 마이샵 서비스는 그 혜택마저도 자신이 선택할 수 있도록 구성해 놓았다. 빅데이터와 인공지능을 기반으로 개인의 소비패턴을 분석하고 적용해 주는 기능이다.

만약 프랜차이즈 테이크아웃 커피 전문점에서 제공하는 할인 쿠폰이 있다고 가정해보자. 현재 살고 있는 동네를 벗어나서 사용하고 싶다면 제공한 쿠폰을 카드에 담아놓기만 하면 된다. 옆 동네로 가서 해당 점포를 찾아 등록한 카드로 결제를 하면 되는 것이다.

혹시 그러한 점포가 정확히 어디에 있는지 모른다면, 카카오맵과 연동되어 있으므로 길찾기 서비스도 이용할 수 있다. 마이샵 앱에 들어가 제휴 가능한 카드를 등록해 놓아야 한다는 점에서 올인원 카드와 비슷하지만, 결제 시 자동으로 따라오는 혜택을 사용할 수 있다는 건 알뜰족에게는 상당한 희소식이다.

BC카드의 '마이태그' 서비스도 이와 비슷하다. 해당 앱에서 5천 원 할인 쿠폰이든 20% 할인 쿠폰이든 원하는 것을 클릭하면 등록된 BC카드에 자동으로 적용된다. 매장에 방문하거나 온라인으로 결제만 하면 된다. 이러한 기능에 그치지 않고 자신과 비슷한 소비패턴을 가진 사람이 어떤 쿠폰을 자주 사용하는지도 알려주며 연령대 및 성별까지 분석하여 정보를 제공해준다.

마이샵과 마이태그의 장점은 자동으로 적용되는 쿠폰에만 있는 게 아니다. 소비자 입장이 아닌 판매자의 입장에서 충분히 고려할 수 있는 점은 바로 광고이다. 해당 홈페이지에 제공된 가맹처 역시 마구잡이로 선택된 게 아니라는 것이다. 가맹처 입장에서는 홍보 수단으로 활용할 수 있으며, 젊은 고객을 유치해 제2의 SNS 마케팅으로도 충분히 파생시킬 수 있는 부분이다.

물론 카드사 또한 서비스를 제공하며 일정 수수료를 받

을 수 있기 때문에 서로 이득을 추구할 수 있는 시스템이라는 점에서 이견은 없다. 신한카드 및 BC카드를 사용하는 회원만 해도 2000만 명이 넘는다. 아이디어 상품 하나로 플랫폼 역할을 하는 카드사 입장에서는 추가 가맹처 제휴 및 서비스 확대가 불가피하다.

카드 결제 시스템의 변화, 그 끝은 지갑이 사라지는 것일지 모르나 당분간은 카드 사용이 지속될 전망이다. 생체인식을 필두로 진행되는 결제 시스템도 여전히 개발 중이라 실용성에 있어 정확한 판단이 어렵다.

알리페이가 안면인식 기술을 시범운영한지도 2015년 이후 제법 시간이 흘렀다. 자신의 정보를 미리 등록해 놓고, 안면을 인식하여 데이터를 받아들일 수 있는 기기 앞에 서기만 하면 된다. 빠르면 2019년 상반기 중국 100개 도시에서 100만 명이 사용할 것이라는 의견도 있다.

그 외 유명 기업들이 시도한 지문 인식을 활용한 결제 시스템도 반응은 미지근하다. 보안과 결제를 한 번에 이뤄

낼 수 있는 놀라운 기능이지만 현장에 얼마만큼 적용될지도 의문이다. 적응이 힘들다는 것도 이유가 될 수 있겠으나 '제3의 결제수단'인 네트워크 페이 시스템의 성장도 무시할 수 없기 때문이다.

2017년 조선일보가 보도한 자료에 따르면 국내만 해도 네이버, 삼성, 카카오페이 또 페이코까지 종합 하루 평균 이용건만 해도 상당하고 이용액 또한 500억에 육박한다. 네이버페이 가입자 2600만 명, 카카오페이 가입자 2500만 명은 대한민국 국민의 절반이 사용하고 있음을 증명하는 수치이다.

기존에 발급된 카드를 기반으로 한 간편 결제 시스템이 줄 수 있는 혜택은 여전히 존재한다. 이렇다 보니 기존의 고객을 확보하지 못한 신규업체는 고객 확보에 혈안이 되는 게 당연하다. 최근 페이코 결제와 제휴된 일부 물품을 구매할 때 다른 결제 수단을 이용하지 못하게 해놓았다.

불필요한 가입을 하면서 소비자가 결제를 하려면 더 낮

은 금액을 제공해야 하고 더 많은 할인 서비스를 확산시켜 줘야 한다. 혼란 속에서 높은 진입 장벽에 도전하려는 카드업체들은 앞으로 개발될 생체 인식 기술이 반전의 기회가 될 수 있을지, 소비자 입장에서도 관심 가지며 지켜볼 문제이다.

참고자료

» KB은행 알파원 카드 – 네이버 검색
» KB은행 앱카드 – 네이버 검색
» 신한 마이샵 – 네이버 검색
» 신용카드와 핀테크의 미래 – VP
» 시장서 외면받은 클립카드 – 대한금융신문
» KT 스마트카드 기기 클립카드 출시 – 블로터
» 4차 산업혁명 시대, 잘 나가는 기업들 – 바이라인
» 카드 부정거래 막아라 – 메트로
» FDS가 AI를 만난 때, 업그레이드 길 열린다 – 보안뉴스
» 카드사 AI 빅데이터 활용 초개인화 서비스 장착 – 매경

4

넘치는 플랫폼 속에서
늘어나는 양극화

플랫폼이 넘쳐나고 있다. 원뜻은 기차역이지만, 비즈니스에 접목되면서 신조어처럼 불리고 있다. 사람들끼리 하나의 공간 안에서 네트워크를 형성하고 또 그것을 다른 네트워크와 연결한다. 모듈화된 기차역은 그 누구의 소유도 아닌 모든 이의 것이 된다. 단, 공간을 만든 사람이 그곳을 폐쇄시켜버리면 유기체처럼 연결된 구조도 한순간에 사라진다. 우리가 잘 아는 알리바바, 아마존 등이 결제 시장의 대표적인 플랫폼 기업이다.

이 시스템 안에서 책을 한 권 구매해보자. 선택의 연속이다. 하나를 선택하면 판매처는 여러 곳이고, 가격과 혜택을 비교해 주어 소비자의 심리를 자극한다. 가장 저렴한 판매처를 클릭하면 창이 팝업 되고 그곳에서 결제를 해야 한다.

결제를 하려면 회원가입을 하고 로그인을 해야 하는데, PC마다 환경설정이 달라 보안 기능을 통과하지 못하고 포기를 하는 소비자도 제법 있다. 밴사마다 사용해야 하는 단말기도 각각 다르다. 모든 카드사를 아우르는 단말기도 출시되었지만, 아직까지는 기존의 시스템으로 수익을 얻고 있는 기존의 밴사들이 이 단말기에 관심을 보이지는 않는 것 같다.

이 같은 불편함을 없애기 위해 원클릭 결제 시스템이 구축되고 있다. 모체라 불리는 플랫폼 사이트에 가입을 해놓고 은행 계좌 혹은 카드번호만 등록해 놓으면 다음번에도 등록한 정보로 결제를 진행할 수 있다. 짜증나는 팝업도 없어, 해당 사이트를 통하면 모든 상거래는 한결 수월해지는 것이다.

카드 결제 시장에도 플랫폼이 있다. 밴사마다 사용해야 하는 단말기가 달랐지만 모든 카드사를 통용할 수 있는 벤처기업의 단말기도 시장에 출시되었다. 그 단말기에 연계된 밴사 및 카드사를 자유롭게 선택할 수 있는 장점이 있지만, 아직까진 자신만의 시스템으로 충분한 수익구조가 겸비된 밴사는 함께 할 이유가 없다.

이처럼 어떤 플랫폼을 선택하느냐에 따라 득실을 따질 수 있으므로, 지금은 플랫폼끼리 경쟁, 공유, 확산 등을 반복하고 있다. 그러면서도 더 큰 시스템이 나타나면 그곳에 흡수되어 공간을 지배하는 자의 의견을 따라야 한다.

무한한 가능성의 플랫폼이 세상을 바꾸고 있고 누군가 만들어 놓은 시스템에 따라야 한다는 건 기원전이나 지금이나 변함이 없다. 각각의 하부조직 시스템이 다를지라도 그 공간을 사용한다면 그에 맞는 사용료를 내거나 기본 규칙을 따라야만 한다.

문제는 새로운 공간에 들어갔을 때의 적응력이다. 쉬운 예로 새로운 직장이나 모임에 들어갔을 때처럼 조심스럽고 어리둥절한 시절을 떠올려 보자. 시간이 지나면서 적응하거나, 혹은 결국 다른 곳을 찾기도 한다.

앞서 말했던 원클릭 결제 시스템은 한 번에 모든 걸 해결하는 정말 환상적인 일이다. 일일이 카드번호를 입력하지 않아도 되고 별도의 승인 과정에 골머리를 앓지 않아도 된다. 단, 이것을 쉽게 생각한다는 건 그 시스템의 적응도에 따라 달라질 것이다. 1950년대 카드가 상용화되었지만 출시 당시에도 적응하지 못하거나 모르는 사람이 많았다. 7,80년대 기하급수적으로 늘어난 ATM 기기와 더불어 카드 사용자 증폭은 단순하게 보여도 그 시점까지 오면서 '모두에게 적응'을 시키려 했던 누군가의 노력이 숨어 있는 것이다.

원클릭 결제 구조라도 노년층 아니 중장년층의 일부는 여전히 어둠을 헤매고 있다. 일부 은행의 환전금액을 살펴보면 모바일로 결제하는 조건으로 1달러 당 20원 저렴하게 교환할 수 있다. 반대로 모바일을 이용하지 못하면 그만큼 손해를 보는데, 액수가 커질수록 느껴지는 불이익은 늘어만 간다.

콘서트, 스포츠 경기, 기차표 등을 발권할 때도 마찬가지다. 최근 모 게임회사에서 진행한 온라인게임 대회 티켓 발권 수칙을 살펴보니 '인터넷 결제를 원칙으로 하고, 현장 발권은 인터넷 결제 이후 남은 표에 한 한다'고 명시되어 있다. 물론 해당 게임을 접하는 연령층이 10대에서 30대가 많아 별다른 불만은 없었으나, 어르신이 함께 이용한다고 생각하면 모두를 위한 시스템인지에는 의문이 생긴다.

아직도 체크카드 하나를 만들 줄 몰라 현금을 소지하는 사람이 있다. 요즘 세상에 그런 사람이 어디 있느냐고 생각할지 모르지만 은행 창구에 가서 대기자 10명만 살펴보아도 누가 '이 은행이 만든 결제 시스템에 부적응하고 있는지'를 간파할 수 있다.

'카카오페이'는 기존 은행을 향한 작은 저항이었다. 보안 프로그램 다섯 개를 설치하고도 모자라 본인인증과 공인인증서 확인을 거치는 데 그치지 않고 결제를 하거나 이체를 할 때마다 본인 확인을 하는 이른바 '짜증 폭발'인 시스템을 타파한 것이다.

카카오페이 가입자 수만 해도 벌써 2300만 명을 돌파했다. 기존 은행들이 출시한 뱅킹앱 가입자 수의 4배에 5배까지 차이가 난다. 이유는 간단하다. '카카오' 프로그램을 사용하는 사람이 많기 때문이다.

결국 플랫폼이란 다수의 사용자가 원하는 시스템을 만들고 그 다수의 편리를 제공하는 것이다. 소외층은 편리를 바랄 수가 없다. 그 플랫폼 자체를 활용할 수 없어 결국 우리가 아는 원시적인 방법으로 여전히 살아가야 한다.

카카오페이를 플랫폼으로 두고 파생한 카카오택시를 살펴보자. 실제로 이용해보면 알겠지만 일반 택시에 비해 장점이 많다. 특히 택시가 언제 오는지 추위에 떨며 길거리에 서 있지 않아도 된다. 또 목적지까지 어느 정도의 시간이 소요되는지 혹은 비용이 얼마만큼 드는지 한눈에 알 수 있다.

도심지라면 못 느끼겠지만 생소한 지역에 여행을 간 뒤 카카오택시와 연동한 기사님을 만날 수 있다면 그 자체로도 행복을 느낄 수 있다. 카카오택시도 카카오페이와 연동하여 원클릭 결제가 가능하다. 카풀도 카카오 서비스로 이용할 수 있다.

반면, 택시노조가 카카오와 전면으로 맞서 파업을 강행하기도 했는데, 플랫폼 자체가 다수의 이용자에 맞춰져 있다 보니 그것을 따라가지 못해 발생하는 생존권 대립이라고 볼 수 있다.

해당 서비스를 이용하려면 무료와 유료로 나뉘는데 그에 따른 서비스도 달라진다. 시장의 반응은 아직 안개 속이지만 자동으로 위치를 파악하여 근거리에 있는 택시와 바로 연결 시켜주고 기사의 신분이 보장되는 등 안전하다는 잇점도 있다. 손님은 보다 나은 이러한 서비스를 앱을 통해 간편하게 누리고 카카오페이로 편리하게 지불 할 수도 있는 것이다.

잠시 제로페이를 살펴보면 소상공인 맞춤 결제 시스템으로 2가지 결제방식이 있다. 별도의 어플리케이션 다운

로드가 없다고는 하나 결국은 '앱'을 이용해야 한다. 물건을 구입할 때 해당 제품의 QR코드(Quick Response Code)를 스마트폰 앱으로 인식시켜 결제 시 바코드에 입력하는 시스템이다.

QR 코드란, 사각형의 가로 세로 격자무늬에 다양한 정보를 담고 있는 매트릭스 형식의 코드로 1994년 일본 덴소 웨이브사가 개발하였고, 특허권을 행사하지 않겠다고 선언하여 세계 각국에서 다양한 분야에 널리 활용되고 있다. 우리나라의 경우 금번 코로나 사태 때에 노래방 등의 방문자 체크를 바로 이 QR코드 시스템으로 진행하는 등 향후 QR코드의 활용도는 다방면에 활용될 것으로 보인다.

QR코드는 바코드 보다 인식 속도와 인식률, 복원 속도가 뛰어나며 20자 내외의 숫자 정보만 저장할 수 있는 바코드와 달리 숫자 최대 7089자, 영문과 숫자 최대 4296자 8비트 바이트 최대 2953바이트, 한자 1817자를 담을 수 있다.

제로페이가 이 QR코드 방식을 결제 시스템으로 도입한 것이다. 소비자는 계좌나 카드를 등록해 놓으면 핸드폰으로 원클릭 결제가 가능한 장점이 있고, 판매자 역시 기존 카드 수수료 보다 낮은 금액을 이용료로 지불하기에 여러모로 이득이다. 스타트업하는 프랜차이즈와 협약을 맺는 등 적극적으로 확산해 가고 있다.

문제는 역시 적응력과 편리성에 달려 있다. 이렇게 편리한 시스템이라도 결국 다수의 사용자가 번거롭고 불편하게 여긴다면 곤란해지는 것이다.

어찌 되었든 이처럼 다양한 결제 방식은 계속해서 생겨나고 있다. 2018년 출시된 KB국민카드가 시행한 '테이블 페이'도 같은 맥락이다. 식사를 마치고 계산대에서 긴 줄을 서서 기다리지 않아도 되는 것이다.

앞으로 평범한 음식점은 사라질 수밖에 없을지도 모르겠다. 대형 포털사이트에 유료 광고를 해대며 가짜 맛집을 만드는 것도 모자라 스마트폰 족을 위한 결제 시스템을 장착하면서 강제로 따라가야 하는 상황이 되고 있다. 아침 일찍 문을 열고 밤늦게까지 영업하며 손님을 기다리는 전통방식의 사장님들은 극히 일부만 남게 되는 것이다.

스마트폰 교육, 인터넷 뱅킹 도우미, 이용객 편의 서비스 교육은 늘고 있지만 정작 다수의 사람들이 만들어 놓은 시스템에 적응하지 못한다면 결과는 부정적일 수밖에 없다. 일각에서는 지번 주소와 도로명 주소의 사용처럼 결국에는 도로명 주소의 사용이 익숙해지는 것에 비유하고 있으나, 이것을 전자기기를 활용한 결제 시스템과 비교하기에는 다소 무리가 있다.

피켓을 들고 거리로 나와 카드수수료 인하와 밴사의 오류를 지적하던 소상공인들이 이제는 손님을 빼앗기지 않으려 결제 시스템과 싸우는 일도 일어날 수 있다. 소외계층의 부적응에 발 빠른 대안을 만들어 내지 못한다면 늘어만 가는 새로운 결제 시스템들이 우리 사회의 양극화를 더 빨리 앞당기게 될 것이다.

참고자료 〰〰〰〰〰〰〰〰〰〰〰〰〰〰〰〰〰〰〰〰〰〰〰〰〰〰〰〰〰〰〰〰〰〰〰〰〰〰 ⫶📢

- » 제로페이
- » 카카오페이
- » 플랫폼 빅뱅 – 매일경제
- » 스마트폰 해결방안 – SBS뉴스

4. 넘치는 플랫폼 속에서 늘어나는 양극화

5

대기업과 소상공인의
끝없는 갈등

2018년 12월 20일, 거리의 택시들이 일제히 어딘가로 향했다. 그들이 향한 곳은 여의도 국회의사당 앞이었다. 그곳에서 그들은 운전대 대신 피켓을 높게 들어 올렸다. 주최 측 추산 10만 명의 집회 참여자가 그곳에 있었다. 그들이 한자리에 모인 이유는 플랫폼 대기업 '카카오'가 시행한 카풀 서비스에 생존권이 위협을 받았기 때문이다.

대구·경북 지역은 26일 2만여 대의 택시가 운행을 중단하는 등 강경한 입장을 내비쳤다. 이는 일부 파업을 진행한 타 지역과 달리 거의 모든 택시가 파업에 참여했음을 말해주는 수치이다.

파업의 불을 지핀 건 서울의 50대 택시 기사 최 모 씨의 분신자살 사건이었고, 당시 분위기는 그야말로 충격적이었다. 그는 국회 앞에서 자신의 택시에 불을 지른 뒤 밖으로 나오지 않았다. 카카오는 카풀 정식 서비스를 잠정 중단하긴 했으나, 베타서비스를 강행하는 등 여론의 움직임을 예의주시하고 있다. 그렇다면 카풀이 도대체 무엇이고, 어떤 방식으로 택시 기사의 생존권을 위협하는 것일까?

카풀(Carpool)은 목적지나 방향이 같은 사람들끼리 한 대의 승용차를 함께 탑승하는 것을 말한다. 쉽게 말해 서울역에서 삼성역까지 이동하는데 대중교통을 이용하지 않고, 친구 차를 얻어 탄다는 개념이다. 단, 친구 차량이 아니므로 이용료를 지불해야 하는데 택시를 탑승하는 비용보다 상대적으로 저렴하기 때문에 갈등이 일어날 수밖에 없다.

카카오는 2018년 2월 카풀 앱 '럭시'를 인수하며 업계의 마찰을 예고했다. 같은 해 12월 7일 시범운행에 돌입하며 이용자의 관심을 받았는데, 기본료는 2km당 3000원으로 시간과 거리에 따라 요금이 책정되는 방식이다. 이 서비스 또한 '카카오T' 앱에 접속해 사용할 수 있는 서비스로 기존의 카카오 택시와 비슷한 맥락이다.

이용방법은 간단하다. 앱에 들어가 출발지와 목적지를 입력하고 결제 수단을 설정한 뒤 인원수를 기입한다. 앞 혹은 뒤의 좌석을 선택할 수 있어 이용자 입장에서 고민한 흔적이 나타난다.

그 뒤 호출버튼을 누르면 호출 중이라는 메시지가 출력되고 응답을 기다리면 된다. 하지만 호출에 재빠른 응답이 이뤄지지 않아 생각보다 편하지 않다는 반응도 나오고 있다. 1,2분 내외로 연락이 닿을 때도 있는 반면, 지역에 따라 30분가량 소요될 때도 있기 때문이다. 물론 연락이 닿았다 하더라도 호출한 위치까지 도달하는 데에도 시간이 소요된다.

운전자 입장에서는 카풀로 인한 부수입이 생긴다. 이용자들은 좀 더 저렴한 비용으로 목적지까지 편리하게 이동하려하고 운전자의 입장에서는 기름값 정도의 부수입으로 생각하는 사람들이 많은 것 같다. 운전자를 '크루'라고 부르는데 주로 프리랜서나 영업직 사원들이었고, 일부는 신기한 앱이라며 시험 삼아 해본 사람도 있었다. 비용은 대략 일반 택시에 비해 13%에서 최대 30%까지 저렴한 것으로 알려져 있고, 크루는 이용자로부터 받은 금액의 20%를 카카오에 수수료로 지급하면 된다.

이 카풀 서비스는 주말이나 늦은 저녁 시간은 불편할지 모르지만 혼잡한 출퇴근 시간이라면 크루와 이용자 모두에게 이익을 남겨줄 수 있는 서비스인 건 분명하다. 정식 서비스가 진행된다면 이용하는 사람들이 많아질 것이고, 자연스레 택시 기사의 생존권을 위협할 수 있는 수단이 되는 것이다.

전국 택시노조의 주장에 일부 시민들은 공감하기도 한다. 하루 11시간을 계속해서 움직이는데도 불구하고 임금은 200만 원도 채 되지 못할 때도 있다. 시간에 비하면 최저임금에도 미치지 못하는데 여기에 카풀 서비스까지 확대되면 그 수입마저도 가져가기 어렵다는 주장이다. 또 사측에 하루에 부담해야 하는 사납금이 평균 13만 5000원이나 되기에 편차가 있는 수익으로는 생활에 불편을 줄게 분명하다고 한다.

그러나 이에 냉소적인 반응도 적지 않다. 근거리 이동 시 승차거부를 당한 경험도 있고, 위험한 운행에다 카드로 계산할 때 인상을 쓰는 운전자의 이야기까지, 물 만난 물고기처럼 택시의 불편 사례가 SNS에 퍼져나가고 있다. 속이고 덤탱이 씌울 때는 언제고 정작 밥그릇 뺏기려 하니 국민들에 호소하는 건 맞지 않는다는 지적도 심심치 않게 볼 수 있다.

양보를 모르는 사납금과 줄지 않는 시민들의 불만 사례, 더욱이 이 틈새를 놓치고 싶지 않은 카카오 카풀까지 갈등은 고조되고 있다. 물론 갈등의 원인을 카카오 측에 떠넘길 수만은 없다. 급변하는 시대에 새로운 아이디어를 잠식시키고 구시대적인 발상만을 유지해 나갈 수 없는 노릇이다. 하지만 택시노조가 발표한 성명서에는 택시업계가 카풀 자체를 반대하는 게 아니라 운송질서를 문란케 하고 교통 생태계를 파괴하는 대기업의 중계행위를 반대한다고 명시되어 있다.

카카오 카풀 파업 사태의 논점은 단순히 택시노조와 카

카오 카풀의 싸움이 아니다. 대기업이 제공하는 서비스에 속수무책으로 당하는 소상공인들에 초점을 맞추어야 한다. 카카오 택시 서비스를 반대하지만 하루에 한 명의 손님을 모실까 말까 하던 일부 지역의 택시에게는 좋은 서비스로 인식되기도 한다. 도심지에서는 치열한 경쟁이 불가피했지만 손님을 끌어와 준다는 생각에 수수료 제공은 용인할 수 있는 부분이었다.

다만 문제는 이러한 서비스들이 카카오의 질서를 따라야 한다는 데 있다. 대한민국 절반이 카카오페이를 이용하고 있는데 그것을 연동한 서비스를 실시한다면 끌려갈 수밖에 없는 것이다. 카카오 택시와 카카오 카풀은 모두 카카오페이와 연결되어 있다. 어플 하나에 결제 계좌를 선택하여 서비스와 동시에 결제를 하면 된다. 어두운 조명 아래 지갑에서 지폐를 찾지 않아도 되고, 주머니에 구르는 동전 소리를 들을 이유도 없다.

요지는 택시 한 번 몰아보지 않은 사이버 운전자가 전국 택시 기사의 생존권을 쥐락펴락 할 수 있다는 건 차후 더 큰 문제를 유발할 가능성이 충분하다는 것이다. 카카오 카풀은 편리하고 스마트한 서비스일는지 몰라도 기존 시장과 공생한다는 의식은 찾아보기 어렵다.

배달앱 서비스도 기존의 취지와는 많이 벗어난 듯하다. 밀려 있는 주문을 돕는데 그치지 않고 역으로 소상공인의 수입을 노리는 입장에 놓여 있다. 배달앱 '빅3'라 불리는 업체들은 울트라콜로 과도한 수수료를 챙겨가기 바쁘다. 음식점의 전화번호를 찾기보다 어플을 활용하여 주문하는 사람들이 늘어나면 그 수익을 무시할 수 없다.

이들은 배달 건 당 수수료에 이어 광고를 대행하며 수익을 창출시켰다. 이 모든 서비스를 제공해주는 대가로 기존의 월정액 5만원 보다 더 특별한 서비스를 유도해 인상된 금액을 받는다. 일명 '울트라콜'은 모바일 화면에 우선적으로 해당 업체를 광고하는 개념이다. 상위 노출 될수록 주문을 할 확률은 높아지지만 그만큼 지불해야 하는 건당 수수료는 늘어난다. 하나라도 더 팔고 싶은 마음에 앱에 가입하지만, 상위 노출이 되지 않으면 뒤쪽으로 밀려나 화면을 몇 번씩이나 넘겨야 자신의 가게를 찾을 수 있다.

이런 시스템은 배달 앱 간의 경쟁도 그렇지만 그 배달 앱을 사용하는 소상공인들의 경쟁이 불가피하다. 공생을 한다는 의미가 아닌 자금력이 뒷받침된 사람만이 시장을 선점한다는 고전적 방법과 다르지 않다. 이리 치이고 저리 치인 가게 사장님들의 한숨은 깊어질 수밖에 없다. 소비자들은 편리하고 저렴한 쪽으로 치우칠 뿐 사라져 가는 가게 주인의 마음을 알아줄 리 없다.

이런 상황들의 공통점은 소상공인들의 고충을 헤아리지 않는다는 것에 있다. 특히 배달앱은 카드사나 밴사가 받아야 할 비판의 일부를 할당받았다 해도 과언이 아니다. 카드 결제로 앗아가는 수수료에 배달 앱까지 신경 써야 하니 장사하는 사람 입장에서 불만이 생기는 건 당연하다. 그러한 불만은 곧 소비자의 불편으로 이어지기 마련이다.

카카오 카풀을 찬성하고 택시의 파업을 불편하게 보는 대중들의 시선도 이와 다르지 않다. 카풀 이면에 찾을 수 있는 대기업의 결제 시장 장악은 느껴지지 않고, 그동안 쌓였던 불편한 감정만을 생각하는 것이다. 중계 역할에 그치지 않고 시장을 주도하려는 대기업의 움직임을 곱게만 보기 어려운 이유이다.

사자가 영양을 잡아먹을 때 꼭 등장하는 불청객이 있다. 어느새 숨어든 자칼 무리가 그 주인공이다. 사자의 20분의 1도 먹지 않지만 사자가 쉽게 자기 몫을 나눠줄리 없다. 사자에게 짓밟혀 죽는 녀석도 있지만 배불리 먹고 돌아가는 녀석도 있다.

사자가 무조건 자칼을 쫓아내는 건 아니다. 작고 빠른 자칼을 때리려 할 때 사용하는 에너지 보다, 눈앞에 영양 한 마리를 포식하는 게 더 이익이기 때문이다. 자칼은 만찬의 답례로 사자를 위협할 수 있는 적들에게 신호를 주기도 한다. 매번 이와 같은 일이 일어나는 건 아니지만, 이 같은 생태계의 룰이 바로 공생이다.

대기업과 소상공인이 공생을 하지 않으면 결국 질적 저

하는 이용하는 시민들의 몫이 되고, 그 불편한 반대급부는 다시 대기업과 소상공인에게 돌아간다. 서로가 서로를 배려해야 궁극적인 이익으로 연결된다는 사실을 깨닫지 못한다면 지금의 악순환은 그치지 않을 것이다. 지금이라도 당장 눈앞의 것만이 아니라 본질적으로 서로에게 이익이 되는 길이 무엇인지 거듭 고민해야 할 것이다.

참고자료 📢

- » 택시대란 분신자살 – FAM타임즈
- » 택시단체 "카카오 카풀 서비스 중단" – KBS뉴스
- » 멈춰선 택시 시민들 발 동동 – TBC 뉴스
- » 출퇴근길 비상 – MBC뉴스
- » 배달앱 전성시대 명과 함 – 데일리 한국

6

중국에게 잠식되어가는 화폐 시장, 이대로 괜찮은가?

1637년, 조선의 왕 인조는 남한산성 전투에서 청나라 태종에게 패하고, 그에게 머리가 땅에 닿을 때까지 고개를 숙이며 절하기를 반복했다. 과장하자면 이마에 핏기가 돌 때까지 돌에다 머리를 찧었다고 전해진다. 한 나라의 왕에게 있어 더 할 수 없이 굴욕적인 사건이라고 말할 수 있겠다. 이 시대는 어떤가? 그 같은 일이 더 이상은 일어나지 않는다고 할 수 있을까?

알리페이가 카카오페이에 거액을 투자하고 사실상 카카오페이의 대주주가 되었다. 2017년 말 기준 알리페이 발행 주식 수는 742만 4151주나 되었다. 이 수치는 전체 주식 중 39.1%에 해당하므로 사실상 50%를 넘는 것도 시간문제일 것이다.

카카오페이는 카카오에서 분사한 이후 중국의 앤트파이낸셜 서비스 그룹으로부터 투자를 유치했다. 앤트파이낸셜은 알리바바의 금융 자회사인 것과 동시에 알리페이의 모회사이다. 이들은 당시 2300억 원의 자금을 투자하며, 향후 한국 결제 시장을 공략하겠다는 야심을 넌지시 드러냈다.

그리고 2018년 11월, 카카오페이 류영준 대표는 핀테크 컨퍼런스에서 "가입이 필요 없고, 투자는 1만 원부터, 또 엄선한 상품에 세금 혜택까지 카카오페이 하나로"라며 투자 서비스를 소개했다. 이 같은 자신감도 국민의 절반이 카카오 페이에 가입했기에 가능하다고 보여 진다.

문제는 알리페이와의 제휴이다. 13억 인구가 국내의 물품을 구매할 때, 카카오페이를 거치도록 한다면 그들의 입장에서는 꿈만 같을 것이다. 정해진 요율대로 수수료를 나눠가지기만 하면 금밭에 있다는 착각도 무리가 아니다.

다만, 그 조건이 위안화라면? 또 알리페이가 개발한 특수화폐라면 어떤 문제가 발생할까? 게다가 위안화를 사용하여 결제할 때 원화나 달러 보다 훨씬 더 저렴한 비용으로 소비자를 공략한다면 어떻게 되는 것일까?

카카오페이 가입자뿐만 아니라, 기타 한국의 제품을 구매하고 싶은 여러 해외 소비자들까지 그들이 만든 화폐를 사용하게 되는 것이다. 동일한 제품을 위안화로 구입할 경우 반값에 준다면 그 같은 선택을 할 것이다. 이는 달러로 바꿔 해외 직구를 하는 것과 비슷한 맥락이다.

알리페이가 집계한 '2018년 중국 국경절 연휴 기간 결제액 규모'를 살펴보면 한국은 홍콩, 태국, 일본에 이어 4위에 이름을 올렸다. 국내 경제 전문지 아시아 경제는 이같은 현상을 바라보며 기회라는 설명도 빼놓지 않았다.

특히 중국인 관광객은 "다른 나라에서는 1인당 약 32만 원을 알리페이로 지불하는데, 한국에서는 약 54만 원"이라며 평균보다 높은 수준에 주목한 바 있다. 면세점, 백화점 또 편의점에 알리페이 결제 건수가 많은데, 이는 전년

동기에 비해 5배나 증가한 수치였다.

국가 간의 외교적 이슈로 교류를 막았다가 풀었다가 하지만, 이미 서울과 부산에 다녀간 요우커의 수만 해도 어마어마하다. 그들 한 명 한 명이 편리한 알리페이 결제 시스템으로 관광을 한다면, 국내에서도 이를 마다할 리 없다.

알리페이도 QR코드로 결제하는 방식인데, 현재는 월 사용자가 5억 2000명에 달한다. 해외 알리페이 가맹점이 늘어날 수밖에 없는 이유이기도 하며 그들의 소비패턴으로 보아 첫 번째 거점이 한국이 될 가능성이 높다.

서울을 제외한 국내 주요 관광 도시들은 알리페이를 거부하기 어렵다. 부산의 남포동의 경우 중국 관광객 수가 줄어 1층 상가의 공실이 많은 상태이지만 3년 전만 해도 중국인의 거리라고 생각될 정도였고, 그들이 조그마한 화장품 가게를 휩쓸던 모습이 익숙했다. 이런 상황에 알리페이를 거부하기란 사실상 불가능한 일이라고 볼 수 있다.

중국을 여행할 때에도 알리페이는 굉장히 편리한 수단이다. 일반 페이 시스템과 마찬가지로 연동이 가능한 은행계좌를 등록하고 잔액을 충전하기만 하면 된다. 특히 QR코드 스캔이 각 지역마다 활성화되어 있어 적응하는 데 큰무리가 없다. 자동으로 결제할지 직접 숫자를 입력할지는선택할 수 있도록 해 고객의 편의를 돕고 있다.

중국 내에서는 2004년부터 도입이 되었고, 가맹점은 점차 늘어나 식당, 대형마트뿐만 아니라 포장마차와 더불어가판대까지 QR코드가 부착되어 있다.

국내 시장 잠식설에 힘을 실어주는데에는 위챗페이도한몫하고 있다. 중국 IT의 공룡이라 불리는 '텐센트'사는2011년 모바일 메신저인 '위챗'을 시장에 선보이며 가입자를 늘려왔다. 2015년 말에 집계된 사용자 수는 10억 명을 돌파했고, 주 사용자는 6억 명에 이르는 것으로 알려졌다. 국내 기업인 카카오와 네이버의 행보와 비슷하다. 대량의 가입자를 등에 업고 있으니 해외 진출을 노리는 건당연했다.

위챗 역시 2013년부터 해외시장을 목표로 서비스를 확대해 나갔고 대만뿐만 아니라 한국에서도 사용이 가능하다. 비록 서브 메신저로 전락할지도 모르지만, 엄청난 가입자 수는 '위챗페이'를 탄생시키기에 충분했다. 중국의 은행 계좌를 사용해야 한다는 점에서 단기 체류자에게는 불편할 수 있지만, 유학생이나 중국 내 해외 근로자들이라면 더없이 좋은 결제 수단이다.

알리페이와 마찬가지로 QR코드를 인식하여 결제를 하는데, 노점까지 가맹처가 있는 등 중국인의 삶 깊숙이 침투해 있다. 최근 유명 카드사와 제휴를 늘리고 있으며 비자카드, 마스터카드 등도 사용이 가능하다. 일부 제한된 서비스를 제공하나, 해외 가입자 수 또한 매달 증가하고 있어 서비스 확대는 시간문제일 뿐이다.

중국 리서치 업체 이관이 발표한 2018년 모바일 시장 결제 규모 보고에 따르면, 중국 내 알리페이 시장 점유율은 53.62%, 위챗페이는 38.82%로 집계되었다. 두 회사는 중국 간편 결제 시장의 90%를 움직이고 있는 셈이다.

대결구도는 앞으로도 지속될 전망이고, 결국 해외 가입자를 향한 더 많은 가입자 수 유치와 더 많은 가맹처 확보, 그리고 한 푼이라도 더 줄 수 있는 서비스 상품의 싸움이 될 것이다. 특별히 불편함을 주지 않는 이상 고부가가치 산업에 집중하는 중국이 내민 손을 쉽게 뿌리치진 못할 듯하다.

이들의 성장이 중국 정부의 '네거티브 규제'에 있다고 보는 이들도 있다. 네거티브 규제란 원칙적으로 허용하나 예외적 금지사항을 두어 사전 규제가 아닌 사후 규제를 따른다. 쉽게 말해 문제가 터지면 금지사항을 추가시켜 막는 방식인데, 사전 규제인 국내 시장 보다 과감하고 적극적인 결과로 연결되는 게 당연 해 보인다.

현금을 받지 않아도 QR코드로 인식 후 곧바로 얼마가 입금되었다는 안내 메시지가 뜬다. 판매자 입장에서 바로 송금 내역을 확인할 수 있어서 좋고, 없는 시간을 내어 은행에 갈 이유도 없다. 게다가 위챗이든 알리페이든 기존에 있던 결제 서비스 업체보다 지불해야 하는 수수료가 저렴하다. 이 같은 경쟁력으로 노점까지 점령해가고 있는 것이다.

시장의 점유율에 위기를 느꼈는지 2018년 3월 알리페이는 일부 서비스에 있어 제로페이를 선언하며 치킨게임의 강자임을 상인들에게 각인시켰다. 이는 정부가 주도한 것이 아니라, 기업들이 경쟁하여 발생한 결과라는 점에서 의미가 있다.

간편 결제 시스템은 더욱 혼란스러운 상황이 예상된다. 스마트폰으로 모든 결제를 할 수 있기 때문에 현금, 신용카드는 굳이 들고 다닐 필요가 없는데, 신용카드나 체크카드를 사용하지 않으면 중앙통제기관에서는 자금의 흐름을 파악하기 어렵다.

해외로 돈을 빼돌리거나 자금을 세탁하는 등을 추적하기 위한 방안과 새로운 법적 틀을 만들기에 급급한 모양새다. 그러한 법도 적용되는 데 일정 시간이 필요하고 예고없이 닥쳐오므로 국내에서도 정신을 바짝 차려야 한다.

만약 국내 시장이 중국 IT 공룡에 선점된다면 다음 할 일은 원화 사용의 축소일 것이다. 위안화를 사용하거나, 페이 업체가 발행한 특수화폐는 결국 국내 자금이 중국으로 흘러들어가는 것을 의미하고, 중화권과 관계를 맺은 여러 동남아시아 국가들도 중국의 배를 불려주는 데 도움을 주는 꼴이 된다.

국내 화폐의 패배는 중국에서 제공한 정책을 그대로 받아들여야 한다는 의미인데, 이는 카카오가 택시업계를 위협하는 것과 동일한 경우이다.

제2장 4차 산업 혁명과 함께 변해가는 결제 시장

현대판 삼전도의 굴욕을 막으려면 하루빨리 해외로 오가는 간편 결제 시스템의 법적 제도를 강화해야 한다. 총과 칼이 없어도 얼마든지 상대 국가를 경제 식민지로 만들 수 있는 세상이다. 편리하고 간편한 시스템 속에 숨어 있는 위험을 알아야 할 때이다. 정부와 기업의 일로 치부하지 말고 국민 각 사람이 각성하고 뜻과 힘을 모으는 것이 참으로 절실하다.

참고자료

» 카카오페이 해외에서도 쓴다 – 머니투데이
» 카카오페이에 5억 알리페이 사용자 몰린다 – 머니투데이
» 카카오페이 금융의 패러다임이 바뀔 것 – 아시아투데이
» 카카오페이 지분구조 – 더벨
» 국경절 알리페이 해외결제 1위 명동 – 아시아경제
» 위챗 – 나무위키
» 알리페이 vs 위챗페이 구도 이어져 – 차이나 포커스
» 베트남 위안화 전쟁 – 아주뉴스

7

제로페이 코리아

제로페이의 결말이 벌써부터 궁금해진다. 2018년 12월 20일, 시범운영을 시작한 서울시가 칭찬과 비난을 한 몸에 받고 있기 때문이다. 핀테크 사업의 일환이기도 한, 본 서비스는 대한민국 결제 시장을 쥐고 흔들만한 파급력을 가지고 있다. 그 이유는 정부가 주도한 사업이라는 데 있는데, 그에 대해 일부 전문가들은 불편한 감정을 숨기지 않는다.

경제 원리를 위반하고 있다는 목소리가 크다. 중국의 알리페이와 위챗페이처럼 두 공룡이 링에 올라 수수료를 내리는 방식이 아닌, 중앙집권화된 방식을 취하고 있다는 것이다. 과도한 피해를 중재하고자 나서는 선생님이 아니라 시작도 하기 전에 정리를 해 준 꼴이 된 것이다.

그럼에도 제로페이가 반가운 이유는 자영업자들의 카드 수수료 부담을 덜어준다는 것과 고객의 합리적인 소비를 선도하는 효과가 있기 때문이다. 통장의 잔고를 기반 한 결제 시스템은 신용불량자를 양성할 가능성이 거의 희박하다. 소상공인 또한 과도한 카드수수료와 밴사의 매출 누락 등에 대한 염려를 조금이나마 덜 수 있다. 국내 결제 시장을 주도 하고 있는 대기업 카카오페이와 네이버페이의 대항마로 제 역할을 해 내게 될 지도 주목해야 한다.

제로페이는 전용 앱이 없다. 제휴한 업체의 앱을 통해서 결제하는 방식이라 다소 생소하게 느낄 수 있지만, 결제 앱을 이용해 본 고객이라면 적응 시간이 그리 길지는 않을 것이다. 사용자가 많은 네이버페이는 제로페이와 제휴한 상태이고 네이버페이 앱을 실행하여 QR코드를 스캔하면 결제가 가능하다. 스캔 버튼을 누른 뒤 해당 금액을 입력하여 완료하면 가맹처도 곧바로 알람을 받을 수 있어 오해의 소지를 줄일 수 있다.

수고스러운 건 잠시 동안 제로페이 홈페이지에 들어가

가입을 하고 계좌를 연동하는 일이다. 또 가입을 해야 하고 등록을 해야 한다며 짜증을 내는 이용자도 있지만 기존에 사용하던 오픈마켓 가입 절차에 비하면 고마운 수준이다. 아직 시범 초기라 그런지 장점보다는 단점을 향한 목소리가 크다.

카카오페이는 제로페이와 제휴하지 않겠다고 발표했다. 카카오페이의 이 같은 발표는 그야말로 빅뉴스였다. 동참한다고 발표한 은행 및 카드사만 해도 16개나 되며, 일부 기관까지 포함하면 국내의 굵직한 업체는 모두 모아놨다고 봐야 하는데 하필 가장 굵직한 카카오페이가 한발 물러서 버린 것이다.

진행 중인 기존의 사업과 병행할 수 있는지를 좀 더 검토해보겠다는 표면적인 이유만 드러냈을 뿐, 제로페이를 향한 특별한 언급은 없는 상태이다. 몇 가지 추측되는 이유로 첫째, QR코드 결제 표준이 다르다는 데 있다.

카카오페이는 QR코드에 해당 가맹점의 URL 정보가 있지만, 제로페이는 가맹점의 아이디 정보가 담겨 있다. 스캔하여 읽어 들이는 방법이 달라 시간이 필요하다는 추측을 할 수 있지만 물리적으로 얼마든지 해결 할 수 있는 부분이다.

둘째는 가맹점 공유 문제이다. 자신만의 방법으로 2500만 명의 가입자를 유치했고, 가맹처 또한 10만 곳이 넘는다. 그것을 정부가 한순간에 내놓으라고 한다면 좋아할 업체는 없을 것이다. 카카오페이 입장에서는 서울시와의 협력은 좋지만 기존의 시스템과 판이하게 다른 것도 아니라서 자신들의 사업적 흐름에 방해가 될 수 있다는 우려도 무리는 아닐 것이다.

속단하기는 이르지만 단점이 부각되는 건 사실이다. 시행착오를 거치며 자리를 잡을 수 있는 부분도 있어서 원천적인 단점을 장점으로 승화시키기 어렵다.

그 첫번째가 계좌이체 방식에 따른 혜택의 부족이다. 가장 큰 고민거리이자 승부수가 되는 지점이다. 계좌이체로 얼마만큼의 혜택을 줄 수 있느냐는 이제 조금씩 보따리를 풀어봐야 한다. 현재 소상공인 입장을 제외하면 소비자 입장에서는 그리 매력적인 부분이 크게 보이지 않는다. 소득공제율이 40%나 된다는 것을 빼면 이렇다 할 게 별로 없는 실정이다.

일반적으로 체크카드는 30%의 소득공제를 받을 수 있는데 결제 금액이 크지 않는 이상 혜택을 받고 있는지를 체감하기는 어렵다. 소상공인을 위한 건 좋은데 소비자 입장을 처음부터 배제시킨 건 아니냐는 질문이 많다.

우선 가맹점은 연 매출액 기준으로 결제수수료를 부과한다. 금융위원회가 2019년부터 실시하는 카드수수료 개편 내용에는 5억 원~10억 원 이하 가맹점은 1.4%에 기준을 두고 있다. 어쨌든 과거 2% 초반 대를 오가며 부담했던 결제 수수료도 상당히 낮아졌다고 볼 수 있다.

추가적인 논란의 소지는 계좌이체 방식의 제로페이가 은행 수수료를 어떻게 메워야 할지이다. 8억 원 이하이면 대형 프랜차이즈 업종을 운영하지 않는 이상 웬만한 상가 점포의 연 매출 구간이다. 편의점 평균 연 매출이 3억 원을 초과하므로 치킨집, 테이크아웃 커피전문점 등도 8억 원을 넘기는 어렵다.

이렇듯 소액결제가 많은 구간임에도 불구하고, 소비자들이 이체시킬 때마다 이체 수수료가 무과금으로 넘어간다면 은행에서도 계속 간과하기는 어려울 것이다. 시작하는 단계라 시장 분위기를 지켜봐야 하겠지만, 서울시는 제휴 맺은 은행에 무과금 이체를 상쇄해 줄만한 무언가는 반드시 내놓아야 한다.

두 번째는 신용카드에 대한 국민의 인식을 바꿀 수 있을지의 문제이다. 제로페이 시범 이후 모 지하철역 아래 의류 매장을 운영하는 A씨는 "사람들은 여전히 카드를 내는 게 편하다"고 말했다. 호기심에 제로페이로 결제하려 해보지만, 몇 번의 인증 과정을 거쳐야 하다 보니 불편하다고 호소한다.

사실 어렵지 않은 과정이지만, 주머니에서 바로 꺼내 버리는 카드에 비하면 익숙하지 않다는 의견이다. 이는 신용카드에만 국한되지 않는다. 그 어떤 카드이든 지갑에서 한두 장 바로 빼서 결제하는 문화는 당장은 바꾸기 어려울 듯하다.

게다가 신용카드는 미래의 돈으로 현재의 가치를 살 수 있다. 그것 때문에 신용카드가 탄생했고 그 기능 때문에 신용카드를 사용한다. 제로페이가 신용카드를 이기려면 더 많은 혜택을 소비자들에게 제공해야 할 것이다.

세 번째로 은행도 QR코드 활성화에 사활을 걸고 있다는 데 있다. 카카오페이 뿐만 아니라 KB국민은행의 '리브 (Live) 제로페이 서비스'나 비씨카드의 '페이북'이 있고, 농협은행은 최근 기부금을 QR코드로 받는 행사를 진행한 바 있다. 은행의 결제 시스템이 어렵고 복잡하다고 해도 사소한 움직임을 무시하기란 어렵다.

국내 간편결제 시장을 장악한 카카오나 네이버도 은행

을 이용하는 고객이 자신들의 계좌를 연동해 주며 성장한 결과이다. 이 틈에서 제로페이는 어디로 나아가야 하는 것일까? 치열하게 각축 중인 결제 시장에서 새로운 강자로 떠오를 수 있을까? 그 결과는 아무도 모르지만 넘어야 할 산이 많다는 건 확실하다.

결국 제로페이는 장점을 극대화해야만 한다. 시범운영 단계에서 나온 문제점도 보완하며 소비자들과 친숙해질 필요가 있다. 일부 사용자들이 결제까지는 어떻게 할 수 있지만, 환불하는 시간은 기다리기 힘들었다고 포털사이트에 사용 후기를 남겼다.

주문이 밀려 한참을 기다려 하는 테이크아웃 매장에서 환불을 기다리던 B씨는 매장 직원이 해결하지 못해 점장을 불러와 해결했다며 아쉬워했다. 아무리 시범운영이라고는 하지만 제대로 된 교육 없이 손님을 맞이한다는 건 시행처의 잘못임을 지적했는데, 가맹점에서도 직원 교육 기간에 QR코드 사용을 강조할 필요가 있다.

틈새시장도 적극 활용해야 한다. 제로페이 시스템 자체가 틈새시장을 노린 만큼 소상공인을 설득시킬 필요가 있다. 알리페이나 위챗페이처럼 시장의 구석에 있는 노점에까지 QR코드를 배치시키며 손님을 맞이한다는 건 분명 배워야 할 점이다. 그동안 의심은 했었으나 눈에 보이는 증거는 잡지 못한 게 바로 노점 상인들의 수익이다.

1평도 안 되는 노점에서 몇 억을 들여 인테리어 한 30평 매장보다 수익이 잘 나오는 경우도 있다. 수익 규모를 파악하기 어려워 올바른 세수 확보에 고민하는 정부에게는 제로페이가 그에 맞는 수단이 될지도 모른다. 또한 수익이 적은 노점은 QR코드로 늘어나는 소비자를 기대해 볼 수 있으며, 수익이 많은 노점은 현금 유동의 투명화도 기대할 수 있다.

제로페이의 성공 여부는 타지역에서도 관심을 가지고 있다. 부산과 대구를 비롯한 일부 광역시도 시장 분위기를 살피는 중이다. 비난을 받으며 도입된 온누리상품권도 꾸준한 홍보와 사용 권장 노력에 탄력을 발휘하고 있다.

어떤 시스템을 이용하든 소비자들은 자신에게 이익이 되는 것을 선택한다. 정부가 주도한 사업인 만큼 소비자와 소상공인 모두에게 혜택을 줄 수 있는 의견이 필요한 시점이다.

현 시스템의 성공은 대기업의 시장 선점에 걸림돌이 될 게 분명하다. 대기업 주도로 달려온 국내 결제 시장의 변화도 불가피하다. 카드 수수료가 높아 고통을 겪던 소상공인들의 입장에서는 제로페이가 대안이 될 수 있다. 제로페이가 성장해야 대기업의 독주를 견제할 수 있으며, 한 쪽으로 치우쳐진 결제 시장이 국민을 위한 방향으로 균형이 잡혀 갈 수 있으리라는 기대도 가능하다.

중소기업부 자료에 따르면 최근 몇 년간 연평균 창업 수는 78만 개이지만, 폐업 수는 71만 개에 달하는 것으로 나타났다. 폐업의 요인에는 다양한 요소들이 있겠지만 불합리한 결제 시스템이 폐업을 부추기는 요소 중 하나임은 부인할 수 없는 사실이다.

앞으로 남고 뒤로 밑지는 식의 결제 시스템에서 불필요한 수수료를 낮추고 현금의 유동성을 높여주는 결제 시스템의 도입이 대한민국의 폐업률을 얼마나 줄일 수 있을지도 지켜 볼 문제이다.

참고자료

» 제로페이의 치명적 한계 – 한겨례
» 제로페이 장단점 – 일반 블로거
» 사면초가에 빠진 카드업계 – 시사저널e
» 제로페이 가시권 진입 – 뉴시스
» 알맹이 없는 백년 가게 육성 아이디어 – 오피니언 뉴스

8

모두가 함께 성장하는 시장

매달 하나씩 나오는 케이크가 있다. 다섯 명 중에서 누가 더 많이 가져갈지 눈치를 본다. 다섯 명이 공평하게 한 조각씩 가져가면 되지만, 사람 마음이란 게 어디 그런가? 덩치가 크면 두 개 먹어야 하고, 덩치가 작으면 반 개 먹어야 할까? 아니면 똑같이 하나씩 꾸준히 가져가야 할까?

자본주의 사회에서는 어찌 보면 능력에 따라 경쟁하는 것이 당연한 것이고 그 자체가 경쟁력이기도 하지만, 그 틈새에서 생존권을 위협받고 사지로 내몰리는 소상공인들의 신음도 외면 할 수만은 없다.

카풀의 개념은 이전에도 있었고, 스마트폰에 들어간 앱도 이번이 처음은 아니다. 다만 문제는 국내 결제 시장을 선점한 거대 기업 카카오가 카풀 시스템을 만들 때 과연

중소기업과의 상생에 얼마나 관심을 갖겠는가 하는 것이다. 카카오페이를 이용하면 이용할수록 제휴한 업체는 카카오의 정책대로 끌려갈 수밖에 없다.

그들은 제휴한 업체가 자신들이 제시한 기준에 맞지 않으면 '나가'라고 하면 그만이다. 케이크 한 조각을 서로 아끼며 나눠먹던 사람들이 그것마저 먹지 못하는 상황으로 내몰리고 있는 것이다. 그간 일부 택시 기사들의 불친절을 꼬집으며 인과응보라는 시선으로 볼 수만은 없는 문제이다. 그 여파는 소비자인 우리에게로 돌아올 것이기 때문이다.

해외 사례가 국내에 반드시 맞는 건 아니지만 참고해 볼 필요는 있다. 먼저 미국 뉴욕시는 '우버'와 '리프트' 등의 운행 사업을 제한하는 조례를 2018년 8월 발표했다. 골자는 차량 공유 서비스 드라이버의 신규 면허 발급을 1년 동안 중단하는 것인데 예비 드라이버에게는 타격이 큰 셈이다. 또한 운전자의 시급을 정부에서 정할 수 있게 한다는 등 최악의 상황을 막아보겠다는 내용이 신설되었다.

뉴욕은 미국 내 다른 도시와 달리 해당 공유 서비스 운전자들에게 면허를 발급해왔다. 타 지역은 신원 조회만으로 차량 영업을 할 수 있지만, 뉴욕시는 택시 경력이 있어야 하는 등의 절차를 지켜왔었다. 차량 공유 서비스가 확산되면서 수요에 비해 공급이 늘다 보니 교통이 혼잡해졌고, 기존 택시의 생존권도 지켜야 하는 문제에 부딪힌 것이다.

이 같은 제한은 우버의 이용 가격만 올려놓을 뿐 달라질 건 없다는 의견도 난무했다. 차량 공유 서비스 단체의 대변인은 웃을 수 있는 건 기존의 택시 기사뿐이라고 비판했다. 또 혼잡할 만큼 혼잡해져버린 뉴욕의 교통문제의 원인이 왜 우버나 리프트가 되어야 하는지를 꼬집어 말하는 사람도 있었다.

하지만 빌 드 블라시오(Bill de Blasio) 뉴욕시장(*2013년 당선하여 109번째 뉴욕시장이 되었다)은 이번 표결을 반기며 교통 혼잡과 최저 임금 이하의 소득을 올리는 사람이 줄어든다는 내용으로 트위터 계정을 통해 시민들과 소통했다. 게다가 "앱 기반 차량 공유 기업들이 걷잡을 수없이 커져서 결단이 필요했다. 10만 명 이상의 노동자와 가족이 이 표결의 혜택을 느끼게 될 것"이라며 반대 의견에 강경한 입장을 고수했다.

그렇다고 뉴욕시만 차량 공유 앱에 골머리를 앓고 있는 건 아니다. 호주 뉴사우스웨일즈 주 정부는 5년 동안 우버에 1달러의 추가 부담금을 부과했고, 이 부담금은 택시 운전자들에게 보상금 형식으로 지급을 약속했었다. 프랑스는 2015년 택시면허 없이 사업을 펼친 우버에게 불법이라는 판결을 내리며 같은 해 서비스를 중단케 했다.

이후 비슷한 앱에서 개발한 차량 공유 서비스는 허용했는데, 이유는 가격 상한제를 두었기 때문이다. '블라블라카'라는 앱은 가격 상한제를 적용해 운전자의 과도한 이익을 추구하지 않는다는 점에서 인정을 받은 경우였다. 또, 독일은 상업용 운전면허를 취득한 드라이버에게만 차량 공유 서비스 운행을 허용하고 있다.

카카오 카풀 사태는 여전히 안개 속에 있다. 오히려 카카오가 있기에 택시 업계가 살아날 수 있고, 시민을 위한 서비스가 발전한다는 의견도 있기에 양쪽의 의견 충돌은 길어질 것이라 예상된다. 우리는 이 같은 사태를 이미 경험해 왔고, 대기업과 소상공인들의 생존 다툼은 여전히 반복되고 있다.

일례로 대형마트와 골목상권 및 전통시장의 대결을 돌이켜 보면 의무휴업 규제를 놓고 옥신각신하고, 이렇게 시간만 끌다 피해를 보는 건 결국 골목상권이었다. 더욱이 대형마트가 쉬는 날 주변의 작은 점포들은 매출이 감소했다며 골목상권의 움직임이 경솔했다는 등의 의견도 적지 않았다. 현재 대형마트 외의 시장은 사라지지 않았지만 여전히 상권을 살리려는 노력을 치열하게 하는 중이다.

이처럼 카풀 시장도 출퇴근 시간에 제한을 두든, 차량 대수를 줄이든 간에 결국은 힘의 논리가 적용될 것이다. 최소한의 배려라면 택시업계가 준비를 할 수 있는 시간과 여건을 제도적으로 마련해 줘야 한다. 카카오로 대리운전을 할 수 있게 된 이후, 이제는 케이블 방송이나 라디오에서 자주

들리던 "15xx- xxxx" 광고도 찾아보기 힘들어졌다.

운전자는 카카오로 대리운전 일을 옮기기라도 하면 되지만, 소규모 사업체에서 콜을 중개하던 상담원은 어디서 전화를 받아야 하는가? 택시업계도 전례를 보면 알 수 있듯, 마냥 파업만 하고 있을 수는 없다. 무조건적인 카풀을 반대하는 호주처럼 보상금을 지급하거나 뉴욕처럼 최저 임금을 보장해 주는 등의 현실적인 대안을 두고 협상을 해야만 할 때이다.

결제 시장은 카카오 카풀 사태보다 더 심각하다. 한국은행에 따르면 2016년 간편 결제 연간 결제액은 11.8조 원에서 이듬해 39.9조 원으로 조사되었고, 결제 건수 또한 85.9만 건에서 212.4만 건으로 늘었다. 점점 늘어나는 시장에서 국민의 절반 이상을 가입시킨 카카오페이 및 네이버페이는 이미 타 업체 보다 월등히 앞서 있다.

이들은 결국 더 많은 사람들이 자신들의 결제 시스템을 사용하게 만들어 나갈 것이다. 우려가 되는 것은 점령한 뒤의 일이다. 알리페이가 위안화를 기축통화처럼 삼아버리면 어떻게 될까? 아니면 자신들만의 전자화폐를 발급해서 더 싸고 더 좋은 혜택을 주면 어떻게 될까? 국내 결제 시장은 결국 알리페이 천하가 될 수도 있는 것이다.

국내의 카카오 카풀 사태에서 중국의 결제 시스템 장악까지 살펴본 것처럼 우리는 하루빨리 우리 고유의 자본으로 경쟁력이 있는 결제 시스템을 구축해야만 한다. 오른손이 하는 걸 왼손이 알 수 있어야 하고, 왼손이 들고 있는 물건을 오른손이 지켜보아야 한다. 눈앞의 달콤함에 젖어 우리의 경제적 주도권을 남의 나라 자본에 내어줘서는 안 된다.

정부가 주도한 제로페이에 거는 기대도 단순히 소상공인을 위한 정책이라서가 아니다. '공동 QR코드'로 혼잡한 결제 시장을 통합할 수 있고, 저렴한 서비스로 시민들이 이용할 수 있어야 건강한 시장 경제가 형성되고 자국의 경제적 주도권을 지킬 수 있기 때문이다.

독일의 숲 해설가 피터 볼레벤(Peter Wohlleben)은 자신의 저서 『나무수업』에서 너도밤나무의 움직임을 관찰하다 인간에게 교훈이 되는 점이 있다고 말한다. "숲은 제아무리 허약한 구성원도 함부로 포기하거나 버리지 않는다. 만일 그럴 경우 숲에 뻥뻥 구멍이 뚫릴 것이고, 어스름한 빛과 높은 습도를 유지하는 예민한 숲의 기후가 그 구멍 탓에 순식간에 엉망이 되고 말 것이다."

이는 눈에 보이는 키 큰 나무가 아니라 그 뿌리를 관찰한 결과였다. 벌레가 달라붙어 썩어가도, 옆의 나무는 얽혀 있는 뿌리로 꾸준히 영양분을 공급해 준다. 이렇게 버티고 버티면 태풍이 몰아칠 때 서로의 뿌리를 붙잡고 이겨

제2장 4차 산업 혁명과 함께 변해가는 결제 시장

낼 수 있다는 말이다. 더 큰 화를 면하고자 주변을 살피고 생존을 도와준다. 허약하고 피해만 주는 것처럼 보일지라도 혼자서는 거대한 흐름에 맞설 수 없다.

너도밤나무의 교훈을 새기고 유기적으로 연합 해 우리 자신을 지켜나갈 지혜가 절실한 때이다. 한 쪽으로 치우친 시스템을 비판할 줄도 알고, 오늘 일하다 내일 없어져 버린 대리운전 사업체도 살 길을 열어줘야 한다. 이러한 결속력이 거대 강국의 힘으로부터 우리 자신을 지켜낼 수 있는 힘이 되는 것이다.

참고자료

» 통화 패권 전쟁
» 카카오 카풀 해결책 해외는 - 한국경제
» 내년부터 우버 타기 어렵다 - 허핑턴포스트

결제 시장을 제자리로 돌릴 피페이

1

시대를 바라 본 피페이

2018년, 광주에서 개최한 창업박람회! 피페이를 향한 방문객들의 관심이 끊이질 않았다. 피페이 초기 모델인 'SC570'과 'Q2'를 어렵사리 출시해 선보일 수 있어서 기쁜 마음을 숨길 수 없었다.

'피페이'는 내가 만들었지만, 이러한 결제 솔루션이 피페이가 처음은 아니다. 피페이의 전신인 ATM 인터넷전화기는 2011년 당시 내가 모 회사에 재직 중에 다니던 중 타기업에서 진행하던 프로젝트였다. 기술력을 갖춘 작은 기업들과 당시 S통신사의 총괄적 협업이 빛을 발하던 현장에 함께 할 수 있었던 건 크나큰 행운이었다고 생각한다.

나는 당시 회사에 입사한지 6개월 만에 생산 공정 포지션에서 현장의 수뇌부라 할 수 있는 관제실로 발탁되었다.

보통 프로젝트를 주관하고 임무를 부여하는 권한을 가진 관제실에는 최소 10년 이상의 베테랑이여야만 적격 여부를 심사한다는 것을 고려한다면 내가 입사한지 불과 6개월 만에 관제실로 발령이 난 것은 매우 파격적인 인사 발령이라고 할 수 있다.

나는 누구보다도 지는 걸 싫어하고 기회가 주어졌을 때 단 한 번도 이를 놓친 적이 없을 만큼 성장과 성취에 대한 열망이 강한 사람이다. 관제실로의 발령도 이 같은 근성으로 악착같이 만들어 낸 기회였다. 업무의 경험을 쌓는 것도 좋았지만. 대기업과의 미팅 등에 참석해 일을 배우고 시각을 넓힐 기회를 얻는 것이 무엇보다 좋았다.

어려운 임무를 부여 받아 경험을 쌓아나가며 그에 따른 보상이나 처우 역시 남다르게 받으며 제법 탄탄하게 올라서던 중 휴대용 ATM 사업을 만났다. 그 뒤로는 그렇게 매력적이던 관제실의 일도 눈에 들어오지 않았다. 휴대용 ATM 사업이 대한민국 결제 시장의 판도를 바꿀만한 아이템이라는 확신이 들면서 더 큰 꿈을 꾸기 시작했고, 이 사업을 한번 제대로 해 보고자는 열망에 불타올랐다.

 당시 카드시장의 분위기는 꽉 막힌 듯 답답했다. 2010
년도 국민의 카드 사용액은 463조 6000억 원이었고, 그
중 신용카드 사용액이 412조 1000억 원이었다. 신용카드
사용률은 대략 90%에 육박했다. 물론 카드 결제 시 발생
되는 문제를 지적하는 목소리도 있었지만, 이렇다 할 만한
문제제기나 대안을 말하는 언론이나 기관은 없었다.

 2003년 카드 사태를 정면으로 마주해 놓고도 제대로 된
정보나 교육조차 없는 현실이 안타깝게만 느껴졌다. 밴사와
카드사의 폭리는 정당화하면서, 과도한 결제 수수료가 힘겨
워 카드를 받지 않으려는 사장님만 몰아세우고 있었다.

 휴대용 ATM서비스는 본래 지체가 부자유한 장애우들
과 노약자들의 금융 업무를 보다 더 쉽고 편리하게 서비스
하고자 기획되었으나 계좌 간 이체 서비스가 소상공인 사
장님들의 결제수수료 부담을 원천적으로 해결 해 줄 수 있
다는 점에 착안하면서 신용카드 결제기능까지 탑재한 복

합 금융 단말기로 태어나게 되었다.

부족하나마 휴대용 ATM이 소상공인들의 숨통을 틔워줄 수 있는 결제 솔루션이라는 확신이 들면서 온 몸의 신경이 쭈뼛쭈뼛 서고, 세포가 살아나는 듯한 느낌을 받던 순간을 지금도 잊지 못한다. 피페이의 전신인 H470을 만났을 때의 이야기이다.

H470이 상품화되자 나처럼 이 사업에 매료된 사람들이 전국에서 모여들어 출시 1년여 만에 3만 대를 팔아 치우는 기염을 토하며 시장의 폭발적인 반응을 불러 일으켰다.

문제는 이 사업을 진행하는 사람들의 마인드였다. 좋은 사업을 긴 호흡으로 생각하지 못하고 당장의 수익에 눈이 어두워 무분별하게 투자를 유치하고 성급하게 투자금을 회수하려는 사람들로 인해 결국 사업이 난항에 빠지고 만 것이다. 판매 수익은 회전이 되질 않았고, 결국 돌려줄 수익도 없어졌다.

최종적 책임은 사업을 함께 진행하던 모기업이 떠안았고, 그렇게 휴대용 ATM 사업은 끝나는 듯 했다. 많은 이들이 분루를 삼키며 떠났지만 나는 그럴 수가 없었다. 내가 처음 느꼈던 전율 같은 그 느낌을 지울 수가 없었고 누군가는 반드시 다시 살려내야만 하는 시대적 아이템이라는 확신이 나를 가만히 내버려 두지 않았다.

오히려 나는 그때 퇴사를 결심했다. 더 큰 비전을 보았기에 미련도 망설임도 없었다. 이 사업이 결국 결제시장의 판도를 바꿀 것이라고 굳게 믿었다. 하지만 이 사업은 개인이 꾸릴 수 있는 사업이 아니다. 본질적으로 ATM 서비스이므로 은행 이체 망과 통신 등의 서비스가 반드시 뒷받침되어야만 하기에 관련 업체와 제휴 협력을 맺고자 발에 불이 나도록 뛰어 다녔다.

하지만 처음 가졌던 자신감과는 달리 현실은 차갑고 냉혹했다. 거듭된 거절에 이 사업을 계속 끌고 가야 할지 수 없는 고민의 밤을 보냈다. 개발비용 등 적잖은 돈이 투자되고도 당장의 수익이 없으니 주변의 시선도 고울 리 없었다. 낮 동안에는 부지런히 일을 추진하다가도 밤만 되면 포기하고 싶은 마음이 굴뚝같았다. 지금이라도 직장으로 돌아가면 환영 받을 자신도 있었기에 갈등은 멈추지를 않았다.

그러던 중 한 은행에서 내가 한 제안에 대해서 다시 이야기해보고 싶다는 연락이 왔다. 뛸 듯이 기뻤다. 어렵게만 느껴지던 기업과의 미팅에 드디어 유의미한 반응이 온 것이다. 업무를 진행하는데 있어 실제적인 권한을 가진 임원을 만나기도 어려웠지만, 기껏 짧은 시간을 내 주어도 어눌한 설명으로 자책감을 느끼던 기억이 아직도 선명하다. 연락을 해 온 그 은행과 수차례 협의 끝에 어렵사리 업무적인 협약을 맺었다.

그렇게 어렵게 이어가던 기업과의 미팅에 드디어 유의미한 반응이 온 것이다. 그러나 그게 시작이었다. 피페이를 제품화하는 데까지 꼬박 3년 6개월이라는 시간이 걸렸다. 그동안 제품에 대한 소상공인들의 요청도 많았고, 출시 후에는 수정 요구들도 많았다. 그 모든 반응이 그저 고마웠고 단 한 사람의 의견도 헛되게 넘기지 않으려고 애를 썼다.

"A/S 받으려면 어떻게 해야 돼요?"

"이거 누가 소개 좀 시켜달라는데 가능한가요?"

이런 요청과 질문이 끊임없이 이어졌다. 그제야 이게 맞는 길이구나 하는 실감이 났다. 피페이의 특징 중 하나는 소개가 많이 일어난다는 것이다. 써 본 사람들이 만족하고 자신 있게 지인들에게 소개 해 주는 제품이 바로 피페이다. 사업을 진행하며 기대는 확신으로 바뀌었다. 어려움도 많았지만 시간이 흐를수록 정말 잘한 결단이구나 싶었다.

참고자료

» 카드 장려 – 조선비즈

2

S은행과 S통신사와의 협업

휴대용 ATM 1세대의 사업이 인재로 인해 좌초되고 나를 믿고 따라 와 주던 사람들로부터 받던 지지와 신뢰가 한순간에 불신과 비난으로 바뀌는 끔찍한 경험을 했다.

어려움의 때 곁을 지키며 함께 해 주는 사람의 가치는 정말 귀한 것이다. 성경에는 다음과 같은 가르침이 나온다. "네 이웃을 네 몸과 같이 사랑하라", "네가 남에게 대접을 받고자 하는 그대로 남을 대접하라". 이는 시대와 상관없이 모두가 지켜 가야 할 황금률이라고 생각한다.

그 어떤 사람도 세상을 혼자서 살아 갈 수는 없다. 누구든 성공적인 인생을 살고자한다면 자기 주변의 사람들, 나와 함께 하는 사람들을 마치 내 몸과 같이 돌아보고 아낄 줄 알아야 한다.

나는 부족하나마 언제나 일보다 사람을 귀하게 여기고 함께 일할 때 내 이익을 앞세우기보다 상대의 필요를 먼저 채워주며, 어려울 때 물러서지 않고 함께 해 주려고 노력해 왔다. 사람은 언제나 실수가 있기 마련이지만, 그것을 인정하고 솔선하여 시정해 나갈 때 상호간의 관계가 더욱 견고해지는 것도 늘 경험 중이다.

나는 외모가 뛰어나 주목을 받는 사람도 아니며, 공부를 많이 한 사람도 아니다. 오로지 진심을 다해 상대방을 대했을 때 그 진심을 알아주는 사람들이 있었기에 이 사업을 지금까지 이끌어올 수 있었다고 생각한다. 결정적으로 그 진심을 알아봐 준 사람이 S통신사의 모 부장님이다.

당시 사업을 운영하던 오너들의 구속 사실을 들으면서 정말 화가 많이 났었다. 관련자들은 해결책을 내기보다 어떻게 하면 자기 피해를 최소화하고 책임을 면할지만 고민하기 바빴고, 나를 통해 사업에 참여한 사람들은 멘붕 상태가 되어 나를 비난했다.

나 역시도 신경이 날카로워질 대로 날카로워져서 누군가에게는 그 책임을 물어야만 했다. 그 때 S통신 소속으로 관련 업무를 담당하던 부장님이 내 타깃이 되었다. 무작정 전화를 해서 정말 있는 욕, 없는 욕을 다 퍼부어댔다. 늦은 밤이었고, 사람이 많은 거리를 걷고 있던 게 생각난다.

상대가 '여보세요'를 말하기도 전에 욕부터 나갔다. 자초지종을 들을 여유도 없었고 터져 나오는 분노를 도무지 참을 수가 없었다. 잠시 동안 이성을 잃고 사람들의 시선도 잊은 채 퍼부어대다가 문득 정신을 차리고 보니 지나가던 사람들이 나를 흘끔거리고 있었다.

그러나 그보다 더 나를 놀라게 했던 건 수화기 너머로 들리는 부장님의 낮고 묵직한 목소리였다. 그는 어떤 변명도 공격도 없이 내일 사무실에서 볼 수 있겠느냐고 물었다. 예상하지 못했던 그의 태도에 나도 정신이 번쩍 차려졌다.

다음 날, 몇몇과 함께 구로디지털단지로 향했다. 납득할 만한 대책을 내놓지 않는다면 물러날 생각이 없었다. 기세

등등한 우리의 모습을 본 부장님은 내게 독대를 청했고 그렇게 조용히 자리에 마주 앉았다.

아직도 부장님을 만나면 안주 삼아, 농담 삼아 그때의 일을 이야기한다. 서슬이 퍼래서 따지려고 갔으나 오히려 그의 진중하고 침착한 모습에 절로 마음이 누그러졌던 기억이 난다. 할 말이 없는 건 아니었지만, 이 사람은 생각하는 방식 자체가 달랐고, 함께 진행했던 사업을 어떻게든 책임을 지려는 마음가짐이 좋았다. 어젯밤 자신이 들었던 욕은 한 평생 들었던 어떤 욕보다 심했다며 웃는데 그 순간 그의 웃음에 내 마음이 그냥 풀어졌다.

내가 후에 이 사업을 다시 해 보기로 결심할 무렵 S통신사의 전략팀에서도 사업적으로 다양한 시도를 하고 있었고 새로운 아이템을 찾고 있었다. 부장님은 위에 언급한 것과 같이 사건 이전에 이 사업을 함께 진행한 내용이 있었기에 말은 더 할 수 없이 잘 통했고, 이 사업을 다시 살려 볼 생각은 못했다며 찾아 와 주어 고맙다고 했다.

S통신의 본사를 여러 번 오가며 협력관계를 유지하던 중 어느 날 부장님이 은행 관계자를 소개해주겠다고 연락해왔다. 은행 라인은 내게 정말 절실했다. 기존에 진행하던 여러 은행에서 모두 승인이 나질 않았기 때문이다. 미팅을 하면 돌아오는 대답은 신용카드가 대부분인 한국에서 체크카드 위주로 사업이 되겠느냐는 말 뿐이었다. 제로페이와 카카오페이가 등장하기 전 얘기다.

그러던 차에 부장님의 주선은 마른 땅에 단비 같은 소식이었다. 설레는 마음으로 미팅을 기다렸다. 소개를 받은 이사님과 지금은 형, 동생 하는 사이가 됐지만, 당시에는 만날 때마다 목 뒤에 땀이 찬 것을 느낄 수 있을 정도로 긴장이 되었다. 미팅이 있기 전 날 피페이의 사업성을 조리 있게 설명하고 긍정적인 반응을 이끌어내야만 한다는 부담감으로 도무지 잠이 오질 않았다.

수없이 연습했지만, 긴장한 탓에 말이 잘 나오지 않았다. 그런 모습을 그도 분명 알았을 것이다. 겉으로 표현은 하지 않았지만, 잠시 화장실을 갔다 온다거나 부장님과 어떤 사이인지 가볍게 물어 봐 주며 자리를 편하게 해 주려는 배려가 몹시 고마웠다.

하지만, 첫 만남은 지금 생각해도 너무 속이 상하고 아쉽기만 하다. 사실 S은행이 마지막이었다고 해도 과언이 아닐 만큼 많은 미팅을 한 후였다. 그만큼 간절한 자리였으나 '왜 그렇게 밖에 설명하지 못했을까?' 하는 자책감이 떠나지를 않았다. 집으로 가던 길, 한적한 공원에 들러 몇 시간 동안이나 멍하니 하늘을 바라보며 앉아 있던 생각이 난다. 한참의 시간이 흐른 후 부장님에게 애써 마련해준 자리 고맙다, 잊지 않겠다는 말만 하고 전화를 끊었다.

그런데 며칠 뒤, 예기치 않게도 이사님으로부터 저녁에 시간 되냐며 술 한잔하자고 연락이 왔다. 정말 놀랐지만 애써 평정심을 유지하려 애쓰며 허름한 술집에서 이사님을 만났다. 그때 많은 이야기를 한 것 같지는 않다. 다만, 기억에 남는 것은 '선수는 선수를 알아본다'는 이사님의 말이었다.

수많은 사람들을 만나다 보면 자연스레 생기는 감각이라고 했다. 제법 규모가 있는 업체부터 나처럼 아무것도 없어 보이지만, 열정과 확신에 가득 찬 사람들까지 수십 년간을 만나다 보니, 어떤 사람이 될 사람인지 감이 온다고 했다.

그렇게 S통신사와 손을 잡고, S은행과의 협업관계를 구축할 수 있었다. 그 뒤로 일의 진행은 별다른 문제없이 순조롭게 진행이 되었다. 아무것도 증명되지 않았던 그때 어렵게 내 손을 잡아 준 사람들을 실망시키지 않기 위해 밤낮없이 뛰어 다니던 시절이다.

2. S은행과 S통신사와의 협업

이렇게 나는 피페이라는 사업을 통해 미력이나마 올바른 금융 문화를 선도하고자 하는 가치와 철학을 펼쳐 나갈 수 있게 되었다.

3

근성으로 태어난 피페이

제임스 브래독(James J. Braddock)의 이야기를 영화를 통해 매우 인상 깊게 보았다. 2005년 개봉한 영화 〈신데렐라 맨〉의 실존 인물이다. 20세기 초는 제1차 세계 대전으로 전 세계가 혼란스러운 반면 미국은 여유와 번영을 누렸다. 두둑이 받은 전쟁 보상금으로 국력은 날로 커져만 갔고 삶에 여유가 생긴 사람들은 흥밋거리로 눈을 돌리기 시작했다.

미국은 각기 다른 나라에서 모인 사람들로 구성 된 국가이기에 자국을 대표하는 선수들을 향한 애정과 자부심이 남다르다. 브래독은 뉴저지 주를 대표한 인물이었는데 대공황 시기 고통을 딛고 일어난 인물로 사람들에게 희망을 주었다.

애송이 티를 막 벗은 나이, 챔피언에도 오를 기세였으나 잦은 부상이 그의 발목을 잡았다. 불행히도 오른손이 골절되면서 그의 선수생활에도 위기가 찾아 왔다. 돈은 필요한데 몸은 좀처럼 낫지 않았다.

미국도 1929년부터 1939년경까지 세계적인 대공황의 후폭풍으로 가난에 허덕였다. 이 시기 브래독은 모아둔 돈을 모두 뉴욕의 택시회사에 투자했고, 그 회사는 증권가가 무너지며 함께 부도를 맞았다. 결국 투자한 돈을 모두 날리며 빚까지 떠안게 되었고, 가족 앞에서조차 점점 자존감을 잃어갔다.

대전료라도 챙기려 참가한 시합마다 졸전을 면치 못했고, 쉬는 날이면 막노동이라도 하려고 안간힘을 썼다. 그러던 중 부상당한 선수 대신 기회를 얻어 링에 올랐고, 그 경기에서 상대방을 압승하며 두 번째 기회를 거머쥐었다.

그렇게 연승 행진을 하다 희대의 주먹이라 불리던 챔피언 멕스 베어와 맞붙었고, 불굴의 의지로 승리를 쟁취했다. 말할 것 없이 가장 기뻐한 건 아내와 사랑하는 두 아들과

막내딸, 그리고 매니저인 친구였다. 밀린 전기세와 수도세를 청산하지 못해 양초를 켜야 할 상황까지 내 몰렸던 시간을 두 번 다시 반복하지 않으려 절치부심했던 결과였다.

두 시간 분량의 그 영화를 보면서 깊이 공감이 되는 부분들이 많았다. 내가 지켜야 할 소중한 사람들이 있다는 것은 그 자체로 인생을 힘 있게 살아갈 강력한 동기가 된다. 소중한 사람들을 지키고자하는 의지가 강렬할수록 없던 능력도 발휘하는 것이 사람이다.

피페이를 만들기까지 겪었던 어려움을 어떻게 설명해야 할지 모르겠다. 피페이는 소외된 계층에게 좀 더 편리한 금융서비스를 제공하려 시작되었고 이후 소상공인들의 고충을 덜어 주기 위해 시작된 소중한 아이템이다.

나는 이 사업의 가치와 사업성을 믿고 있었다. 그러나 3년 6개월간 소득도 없이 적잖은 돈이 투자로 들어가기만 하는 것을 달가워할 사람은 없었다. 나 역시도 주저앉고 싶을 때가 없지 않았다. 심지어는 "바다에서 보물선 찾는

게 낫겠다"는 소리도 들어야 했다.

대단하다고 맞장구를 쳐주는 사람들도 있었지만, 정작 투자를 권하면 실체가 없는 것을 말하지 말고, 제품을 만든 다음에 다시 오라고 했다. 투자한 돈 당장 내 놓으라며 고함을 지르는 사람도 있었고, 바보 같은 짓 적당히 하라며 욕하는 친구도 있었다.

때로는 마음이 상하고 때로는 자존심이 아팠다. 그럴수록 더 어깨를 폈고 긍정의 마인드와 여유를 잃지 않으려 부단히 나 자신과 싸웠다. 어려운 시기였으나 어떤 상황에서도 주눅이 들거나 약해지지 않을 만큼의 내공이 차곡차곡 쌓이던 시간들이다.

그렇게 터널 같은 시간들이 지나고 내 손 안에 '피페이 시제품'이 쥐어졌을 때의 감동과 심정은 그 누구도 이해할 수 없을 것 같다. 돌이켜 보면 미운 사람들은 미운 사람대로 고운 사람들은 고운 사람대로 내 근성을 키워주고 나를 지탱시키는 힘이 되었다고 생각한다. 그 모든 시간과 그 안에 나와 인연을 맺었던 한 사람 한 사람이 다 고마울 뿐이다.

참고자료

» 영화 〈신데렐라 맨〉

4

대한민국 결제 시장의
판도가 바뀌고 있다

2018년 제로페이가 세상에 첫 선을 보였을 때 시장의
반응은 대단히 부정적이었다. 사람들은 정부가 왜 계좌이
체 방식의 결제 솔루션을 캠페인하며 서비스하려하는지
이해 할 수 없어했다.

그러나, 이제는 모두가 제로페이와 카카오페이를 한번
쯤은 들어봤을 것이다. 제로페이와 카카오페이의 등장은
대한민국 결제 시장이 카드사 주관에서 은행사 주관으로
바뀌고 있음을 의미한다. 결제의 간편성을 담보로 소상공
인 사장님들에게 울며 먹는 겨자였던 카드사 주관 결제방
식에서 계좌간 이체방식의 현금결제 문화로의 회귀라고
볼 수 있는 것이다.

결제시장의 판도변화 구조도

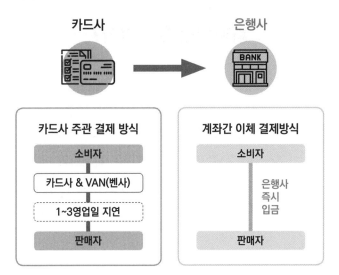

카드사 → 은행사

카드사 주관 결제 방식

소비자

카드사 & VAN(벤사)

1~3영업일 지연

판매자

계좌간 이체 결제방식

소비자

은행사
즉시
입금

판매자

4. 대한민국 결제 시장의 판도가 바뀌고 있다

피페이란 무엇인가?

대한민국의 현금 결제 문화를 선도하는 그 한가운데 피페이가 있다. 제로페이와 카카오페이는 피페이와 마찬가지로 '계좌간 이체방식 현금결제 솔루션'이다. 하지만, 이들 두 페이와 피페이가 같으면서도 본질적으로 다른 부분이 있다.

그것은 바로 결제하는 방식의 차이이다. 위의 두 페이가 QR코드 방식으로 결제를 한다면 피페이는 소비자들이 30년간 익숙하게 사용해오던 방식 즉, 단말기에 카드를 꽂아 결제하는 방식을 그대로 차용해 왔다. 제아무리 좋은 솔루션이라도 소비자들이 불편하게 느낀다면 그것은 커다란 단점이 될 수 있다.

앞서 우리는 결제의 변천사와 체크카드와 신용카드의

장단점 등을 두루 살펴 본 바 있다. 결제의 역사와 현 시대의 흐름을 바라보고 현재로서는 가장 완벽한 방식의 현금 결제 솔루션으로 개발된 것이 바로 금융복합 단말기 '피페이'다.

피페이를 한 마디로 정의하자면, "내 손 안의 ATM"이라고 할 수 있다.

사업장에서 고객이 카드 결제를 했을 경우, 일반적으로 카드사에서 가맹점으로 입금되는 주기가 3일에서 길게는 7일의 시간이 소요된다. 하지만 피페이를 통해 결제를 받게 되면 결제 즉시 사업주의 계좌로 결제대금이 이체된다. 실시간 계좌이체가 이루어지기 때문에 매출누락, 입금 지연과 같은 경우가 발생할 일이 없다. 가히 혁신적인 결제 서비스라 할 것이다.

⊘ **계좌이체**

⊘ **잔액조회**

⊘ **거래내역조회**
  (SC제일은행계좌 해당)

⊘ **영수증 출력**

⊘ **신용카드 결제 기능**

⊘ **IC카드 결제**

⊘ **삼성페이, T페이,**
  LG페이 결제

⊘ **현금영수증 발행**

⊘ **영수증 출력**

피페이의 대한 이해를 높이기 위해 피페이의 기능을 정
리하자면 크게 3가지로 나눌 수 있다.

① 셀프ATM 서비스

공인인증서와 OTP/보안카드 없이도 현금 IC카드(현금카드, 체크카드)만 있다면 언제 어디서나 계좌 이체가 가능하다.

② 신용결제 서비스

사업자는 신용카드 결제 또한 받을 수밖에 없기에 신용결제 서비스도 추가되어 있다. 신용카드는 기존의 결제 방식 그대로, 체크카드는 즉시 이체 방식으로 카드수수료 없이 결제를 받을 수 있다.

③ 간단한 금융 서비스

계좌이체 서비스뿐만 아니라, 잔액 조회, 거래내역 조회 (SC제일은행계좌의 경우)를 손쉽게 할 수 있다.

좀 더 쉽게 이해할 수 있도록 표를 이용해 일반 카드 단말기와 피페이를 비교해보면 그 차이점은 더 뚜렷하게 보인다.

'일반 카드 vs 셀프 ATM' 결제 서비스 비교

일반 카드 결제 서비스	셀프 ATM 결제 서비스
01 카드결제 수수료 발생	**01 카드 결제 수수료 0원**
수수료 평균 2% 발생, 월 3,000만원 매출 시 월 600,000원의 수수료 발생	계좌간 이체 방식으로 카드사의 결제 승인이 필요 없고, 카드결제 수수료가 발생하지 않음. (단, 최대 1,000원 이내 이체수수료 발생)
02 매출 입금 지연 및 매출 누락 발생	**02 결제 1초 만에 계좌이체**
평균 2~7일간 카드 결제 대금이 카드사에 묶여 있게 되고, 매출 누락 사고도 빈번하게 발생	체크카드 계좌이체 방식으로 현금 없는 현금 결제!
03 약정기간 & 월 관리비 발생	**03 약정기간 & 월 관리비 일체 없음**
단말기를 무료로 준다고 하지만, 약정기간에 묶여 사실은 핸드폰 기기 값처럼 할부로 단말기 비용을 지불하는 것. (해지 시 위약금 발생)	단말기만 구입하면, 월 관리비 등의 추가 비용이 일체 없고, 약정기간이 없으므로 위약금 발생 위험도 없음.

'일반 카드 결제 vs 피페이 신용 결제' 서비스 비교

일반 카드 결제 서비스	피페이 신용 결제 서비스
01 약정 기간 있음	**01 약정기간 없음**
대부분 3년 약정. 월 관리비 있고 중도 해지시 위약금 발생. (신용불량자로 등재되는 경우도 발생)	서비스 해지 시에도 위약금 없음
02 월 관리비 있음	**02 월 관리비 없음**
단말기가 무료라고 하지만, 3년 약정 기간 동안 단말기 값을 할부로 받아가는 구조	단말기 구매 후 추가 월 관리비가 없음
03 셀프 ATM 서비스 없음	**03 셀프 ATM 서비스 있음**

계좌 간 이체 결제란?

    계좌간 이체 결제란, 결제시스템의 주관자가 은행사로서 구매자의 계좌에서 결제 금액이 출금되어 판매자 계좌로 송금되는 방식의 결제방법이다. 카드사 중심의 결제 구조로 인해 발생되는 카드수수료 문제, 결제 금액 지연 입금 문제, 매출 신고 누락등의 문제를 해결하고자 서울시에서는 '제로 페이'를, 카카오는 '카카오 페이'를 출시, (주)스마트비는 SC제일은행과 SK브로드밴드와 함께 피페이를 출시해 보급 중이다.

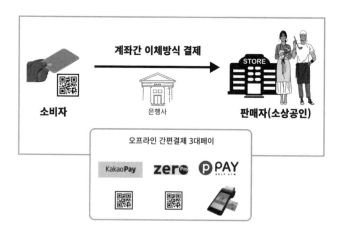

제로페이, 카카오페이의 경우 QR코드를 통해 결제가 이루어지는 반면 피페이는 사용자의 습관을 그대로 적용해 체크카드로 계좌이체가되는 서비스를 제공하고 있다.

피페이는
누구에게 필요한가?

첫째, 피페이는 본질적으로 '휴대용 셀프 ATM'이라는 정체성답게 간단한 금융 업무를 집이나 사무실에서 쉽고 편리하게 볼 수 있다. 앞서 말한 바와 같이 지체가 부자유한 분들이나 노약자 소외계층을 위한 금융 서비스로 기획되었기 때문이다. 실제로 OTP카드나 보안 카드 없이 체크카드와 비밀번호만으로 이체가 가능한 편리성에 매료된 분들이 많다. 이처럼 피페이는 본래 수많은 방식의 간편 결제와 송금 서비스가 있음에도 불구하고 꼭 ATM기를 찾아가는 사람들과 공인인증서와 보안카드 사용에 어려움을 겪는 사람들을 위해 개발 출시되었다.

여기에 더하여 휴대가 간편한 무선단말기라는 장점으로 매장에서 테이블 결제 서비스를 한다든지 고객의 간단한 은행 업무를 도울 수도 있다. 각종 모임의 회비를 갹출 할 때나 마을회관이나 노인정에서도 편리하게 이체나 조회 등의 이슈를 편리하게 해결할 수도 있다.

둘째, 피페이는 소상공인들의 순익을 갉아먹는 카드 결제 수수료를 상당 부분 낮춰 줄 수 있다. 정부의 장려 정책 등으로 체크카드를 사용하는 사람들의 숫자는 점점 더 늘어나고 있는 상황이다. 신용카드는 그렇다 치더라도 고객의 통장 잔고로 결제되는 체크카드 결제는 고객의 입장에서는 분명히 현금결제다. 그런데 사장님에게는 신용카드처럼 카드수수료가 제해지고 수일 후에 입금이 된다. 이 무슨 불합리인가?

똑같은 체크카드를 일반 카드 단말기가 아닌 피페이로 결제를 한다면 계좌에서 계좌로 단 1초만에 이체가 되므로 카드수수료를 한 푼도 내지 않고 현금으로 받을 수 있게 된다. 그렇지 않아도 코로나 등의 여파로 시름이 깊기만 한 사장님들이 조금이라도 순익을 높여 현 시국을 견디고 이기려 한다면 체크카드만이라도 카드수수료 부담 없이 현금으로 받아야 한다.

지연입금 구조

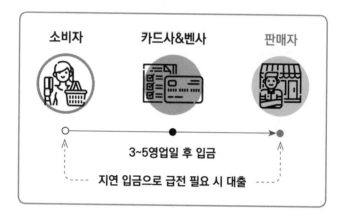

신규창업자 중 45%이상이 2년 이내에 폐업하는데, 카드 매출이 전체 매출의 90%가 넘는 소상공인들에게는 카드 결제로 발생하는 2~3%의 카드 수수료가 폐업의 원인 중 하나가 되고 있다. 매출 대비가 아니라 순익 대비로 본다면 순익의 10%에 달하는 카드수수료는 소상공인들에게 큰 부담으로 작용하고 있는 것이다.

예를 들어 보자. 일반적으로 순익은 총매출에서 인건비, 임대료, 재료비 등 고정비를 제외하면 보통 20% 정도라고 보는 게 통상적이다. 매출 대비 카드수수료를 2%라고 볼 경우 매출 1,000만원 일 때 20만원이 카드수수료로 지불된다. 순익 200만원 대비로 보자면 10%나 되는 엄청난 비율의 금액이 카드수수료로 나가는 것이다. 월 매출이 높은 곳일수록 카드수수료는 결코 무시할 수 없는 부담인 것이다.

셋째, 피페이가 이처럼 ATM과 신용카드 결제 서비스를 겸한 금융 복합단말기로 그 정체성을 확립하면서 비사업자 사장님들에게도 현금 없이 현금결제를 받을 수 있는 손쉬운 길이 열렸다. 현 포스트 코로나 정국에는 아마도 더 많은 플리마켓이나 샵인샵 또는 방문 판매 등의 직업군이 대거 늘어나게 될 것이다.

플리마켓은 개인이 만들어온 물건 혹은 집에서 사용하기 어려워진 물품들을 모아 파는 장터이다. 과거에는 벼룩시장이나 그레이마켓이라는 용어도 사용했었는데 요즘은 대부분 플리마켓으로 통한다. 주말 늦은 오후 색다른 데이트를 원하거나 가족 단위의 나들이 손님들이 주로 찾는다. 유명 캐릭터 상품과는 다른 개성의 예술작품을 팔기도 하고 아기자기한 소품들을 제작해 들고 나오는 이들도 있다. 또 그림을 그리는 거리의 화가부터 아이들에게 신기한 풍선을 만드는 방법까지 전해주는 마술사도 있다.

일반 가게에서는 볼 수 없는 물건들을 앞에 두고 구매 욕구가 일어난 손님들이 카드로 결제를 하려 하지만, 이들은 카드 결제를 받을 수가 없다. 신용카드 결제를 받으려면 사업자로 등록 되어야 하는데 그런 조건을 갖추지 못한 상태로 장사를 하는 이들이기 때문이다. 이들에게도 피페이는 정말 희소식이 아닐 수 없다.

현금 밖에 받을 수가 없는데, 손님들은 현금을 가지고 다니지 않는다. 그렇다보니 계좌이체로 결제를 안내하는 일이 빈번하다. 하지만 일일이 정보를 눌러서 이체를 하는 수고는 고스란히 손님의 몫이 되고 아무리 간편한 방식의 이체 서비스를 사용한다고 하더라도 번거로운 일임에는 틀림이 없다. 바로 이럴 때 피페이가 그 진가를 발휘한다. 누구나 한 장 쯤은 가지고 다니는 체크카드를 피페이에 꽂고 비밀번호 네 자리를 누르는 것만으로 사장님은 즉시 현금결제를 받을 수 있게 된다.

참고자료 ···

» 여신금융협회 카드사용 통계 19.02, 2007~2017
» 신용불량자 1년 새 다시 늘었다 – 이투데이
» 노점상 카카오송금 세금 포탈 부추기나? – 킨뉴스
» 노점상은 불법적치물이 아닙니다 – 한겨레

7

올바른 금융 문화를
선도하는 피페이

결제의 90%가 신용카드를 통해 이루어지는 나라는 우리나라가 유일하다. 누가 의도한 것인지 모르겠으나 현금을 받으려는 것은 탈세를 목적하는 것이라는 그릇 된 프레임도 우리나라의 전유물이다. 사실 부당한 카드수수료나 지연 입금, 또는 매출 누락 등의 피해에서 벗어나 현금으로 결제를 받고 정직한 소득신고를 통해 세금을 내는 것이 결제의 가장 바람직한 모습이다.

우리나라는 2005년 1월부터 현금 영수증 발급을 제도화하여 현금 결제가 탈세의 프레임에 갇히는 것을 원천적으로 방지해 두었다. 소비자가 현금과 함께 카드 또는 핸드폰 번호를 제시하면 가맹점은 현금영수증 발급장치를 통해 현금영수증을 발급하고 현금결제 건별 내역은 국세청에 자동 통보된다. 일정한도의 현금영수증에 대하여 소득공제나 세액공제의 혜택을 제도로서 현금 거래를 명확히 하고 세금을 투명하게 신고할 수 있도록 해 두었다.

또한 근로소득자이거나 근로소득자의 부양가족인 경우에는 총급여액의 일정액을 초과하는 현금영수증 사용금액의 일정 비율을 연말정산시 소득공제 받을 수 있다. 한편 사업자가 사업과 관련해 현금 영수증 발행 후 소득세 신고시 필요 경비, 손금으로 인정 받을 수 있다.

피페이는 정부가 현금결제 장려를 통해 소상공인들의 고정비용을 줄여주고 순익을 높여 주려는 이 같은 의지와 정책에 맥을 같이하여 결제의 본질을 찾아줄 수 있는 가장 합리적이고 스마트한 방식의 현금결제 솔루션이다.

고객이 물건을 사고 사장님에게 그 값을 치루면 되는 것이 결제의 본질이다. 그러나 어느 순간 이 둘 사이에 누군가가 끼어들었다. 매매의 당사자 사이에 서서 돈을 대신 받아 자기 수익 창출을 위해 며칠 쓰다가 오히려 결제 수수료를 떼고 그 나머지를 전해준다. 불합리한 상황이 일반적인 일이 되어 버리자 사람들은 오히려 생색내듯 수수료를 낮춰주거나 입금 일을 조금 당겨주면 이것을 고마워한다. 마치 매일 열 대 맞던 사람이 어느 날은 나섯 대만 맞았다고 기뻐하는 것과 다를 바가 없다. 처음 신용카드 결제 방식에 심하게 저항하던 사장님들이 어느덧 신용카드 결제 문화 속에서 부당하게 매를 맞는 아이와 같아져 버린 것이다.

엄밀하게 말하면 신용카드 결제는 소비자 입장에서 보면 외상을 하는 것이다, 수중에 돈이 없더라도 내 신용을 담보로 내 결제금액을 카드사가 사장님에게 먼저 내 주고 약속 된 날짜에 그 돈을 신용카드회사에 갚는 방식이다.

이상하게 이 같은 방식의 소비는 현금을 지불하거나 통장의 잔고에서 이체 되는 방식에 비해 심리적인 부담이 훨씬 적고 자신이 현재 얼마를 쓰고 있는지에 대한 감각도 둔하게 만들어 불필요한 소비나 자신의 경제적 능력보다 더 한 소비를 불러일으키는 주범이 되고 있다.

이처럼 사업주나 소비자에게 편리성 이면의 치명적인 단점을 지닌 신용카드 결제 문화가 사장님들을 과도한 수수료에 울게 하고 지연 입금으로 인한 대출의 늪에 빠지게 하고 신용 불량자들을 대거 양산 해 온 주범인 것이다. 방법이 잘못 되었다면 바로 잡아야 한다. 아직은 늦지 않았다. 제로페이나 피페이 같이 계좌에 있는 현금을 이체하는 방식의 결제 솔루션이야 말로 사장님들의 수수료 부담의 고충과 소비자들의 무분별한 소비를 시스템적으로 근절할 수 있는 방법 중의 하나인 것이다. 피페이 역시 이처럼 대한민국의 올바른 금융 문화를 선도하는 일에 더욱 앞장 설 것이다.

참고자료

» 필요악으로서 체벌을 찬성함 – 한겨레
» EBS 뉴스 러시아 학생 선생 폭행 – EBS
» 독촉 협박 시달리다 자살 생각까지 – 단비뉴스

8

피페이가 맺어준
또 다른 가족, 블루비

인생을 살아오면서 거듭 느끼는 것은 결국 사람이 재산이자 힘이라는 것이다. 사업이라는 걸 하면서 다양한 사람들을 만났고, 그 속에서 울 일도 있었고, 웃을 일들도 많았다. 속기도 했고, 소송이나 막말 세례도 경험했다. 그렇게 사람에게 지쳐 갈 때쯤 피페이를 통해서 함께 성장하고 꿈을 이루어 갈 소중한 사람들을 만났다. 바로 현재 피페이 유통 본사인 블루비 식구들이다.

블루비를 처음 만난 건 페이스북을 통해서이다. 현재 블루비의 정미령 대표가 페친이었다. 처음 페이스북에서 보게 된 블루비(당시 마케팅 회사 이름은 '블루햇'이었다)는 SNS마케팅을 서비스하는 회사였다. 뭔가 일반적인 회사랑은 사람들의 분위기가 달랐다. 밝은 에너지와 유쾌한 기운이 넘치는 사람들이었다. 중년의 여성들 위주로 구성된 멤버들이 드라마를 패러디해서 포스팅을 한다든지 요리하는 동영상을 찍어 올린다든지 하는 게 무척 흥미로웠다.

비슷비슷한 내용의 포스팅이 가득한 페이스북의 뉴스피드에서 블루햇의 게시물을 만나면 기분이 좋고 유쾌해졌다. 2018년 피페이의 첫 모델인 SC570이 출시되었을 때, 나는 피페이를 브랜딩하고 마케팅을 의뢰할 업체를 찾다가 문득 블루햇이 SNS 마케팅을 서비스하는 회사라는 사실이 떠올랐다. 나는 본래 평범하고 일반적인 것보다 유니크하고 재미있는 걸 매우 좋아하는 사람이다. 그런 나와 블루비는 뭔가 맞는 구석이 있을 것 같았다.

단말기는 나왔으나 셀프 ATM앱은 아직 베타 서비스를 하고 있던 때 부천의 한 카페에서 정미령 대표를 만났다. 피페이에 대해서 간략히 설명했는데 피페이의 사업성에 대해서 그다지 흥미가 없는 눈치였다. 그럼에도 나는 블루햇 고유의 분위기와 조직 문화에 호기심이 생겼고, 함께 일을 해 보고 싶어졌다. 두 번의 미팅 후에 로고 디자인부터 제품의 네이밍과 웹페이지 작성 등에 대해 견적을 부탁

하고 마케팅을 의뢰했다.

 다양한 이슈로 서울에 올라 올 때마다 홍대에 위치하고 있던 블루햇의 사무실에 들러 블루햇의 멤버들과 마케팅에 대해서 그리고 피페이에 대해서 시간이 가는 줄 모르고 대화를 나누곤 했다. 몇 년간을 피페이 개발과 투자 유치 등을 위해 홀로 고군분투하던 나에게도 함께 피페이에 대한 비젼과 고민을 나눌 팀이 생긴 것이다. 일을 맡긴 파트너사일 뿐인데, 마치 한 팀 인 듯한 기분이 들었다.

 그러던 중 드디어 SC570의 앱이 베타 서비스를 마치고 단말기에 얹어져서 정상적으로 제품이 출시가 되었다. 긴 기다림의 결실을 맞는 순간이었다. 구동을 시작했고, 그즈음 블루햇은 마케팅하면서 피페이의 가치와 사업성에 매료되어 점차 피페이 사업에 대한 관심이 커지던 때였다. 나는 사업자 모집 등의 일도 블루햇이 맡아서 해 줄 수 있겠냐고 제안을 했다.

 여세를 몰아 나는 블루비라는 유통사를 창립했고, 블루

햇의 멤버 전원이 피페이의 유통본사 직원들이 되었다. 경험과 커리어가 다소 부족해도 그간 마케팅을 맡아서 하던 때의 성실과 러닝마인드라면 충분히 유통사로서도 성장과 결과를 낼 수 있으리라는 판단이 들었고 블루비들도 흔쾌히 이 제안을 받아들였다.

성격도, 인생을 살아가는 방식도 서로 많이 다른 우리가 이제껏 큰 잡음이 없이 성장과 결과를 이루어 온 데에는 그만한 이유가 있다. 바로 성장에 대한 열망이다. 블루햇은 경력이 단절된 중년의 여성들이 각자의 포지션 안에서 나름의 커리어를 쌓고 내외적인 성장과 성취를 이루어 보고자 사업을 시작한 거라고 했다. 만남이 거듭될수록 나는 이 사람들이 궁금했고 흥미로웠다. 성향이나 스타일은 어느 한구석 맞는 게 없었지만, 묘하게 그런 캐릭터의 앙상블이 나쁘지 않았다.

나는 이 사람들에게 내가 알고 있는 영업과 사업의 노하우와 성공의 방정식들을 다 나누어 주고 싶어졌고, 블루비역시도 이를 환영했다. 다소 느려서 때로 답답할 때도 있었다. 내 마음만큼의 열정이 없는 것 같아 속이 상할 때도 있었고, 서로의 성장을 위한 거라고 하지만 자기 한계를 넘느라 성장통을 겪어 내는 것을 보고 있노라면 마음이 아파 홀로 눈물을 흘릴 때도 있었다. 그러나 우리는 서로의 진심을 알아주며 서로 잡은 손을 놓지 말자고 다독여 가며 내적으로는 의식의 균형과 성장을, 외적으로는 유통사로서 괄목 할 만한 성장을 이루어 가고 있다. 사업적으로 외로운 싸움을 싸우던 나에게 또 다른 가족이 생긴 것이다.

나는 블루비들을 보면서 늘 일곱 색깔의 무지개 같다는 생각을 한다. 이들은 모두 각자의 개성이 참 뚜렷하다. 그러나 성장이라는 공통의 목적 아래 유기적인 협업과 소통을 통해 하모니를 이룰 줄 아는 사람들이 블루비이다. 나는 블루비가 피페이라는 시대적인 아이템을 통해 각자의 색깔과 역량을 선명하게 뽐내면서도 함께일 때 가장 아름답게 빛나는 영롱한 무지개로 성장할 수 있도록 미력이나마 늘 곁에서 함께 하고자 한다,

⊙ 블루비 맨파워

· 레드 우결   **송남희**
· 오렌지 해결   **이은경**
· 옐로우 쾌결   **유근식**
· 그린 단결   **이귀애**
· 블루 연결   **정미령**
· 네이비 종결   **최철민**
· 퍼플 비결   **장은겸**
· 블랙 한결   **백용호**

참고자료

» 피페이 유튜브 채널 업로드 영상

9

우리 고유의 정서, 품앗이

품앗이는 일을 서로 거들어 주며 품을 갚는 교환행위이다. 어떤 일에 드는 힘이나 수고를 뜻하거나, 일정한 삯이나 대가를 말할 때 '품'이란 말을 사용한다. 품앗이는 흔히 씨족사회에서 찾아 볼 수 있는 문화로 농업이 시작된 신석기 시대에 만들어졌다고 알려져 있다. 씨족은 부족과 달리 대개 혈연으로 맺어진 집단이라 일반적으로 주거지 등을 공유했었고, 농업이 발달하고 대규모 토목 사업을 수행하기 위해 부족제가 강화되었다. 품앗이의 노동력은 동등하게 가치로 평가되었다.

예를 들어, 건장한 성인의 노동력과 열 살 남짓한 아이의 힘과는 비교할 수 없지만, 동등한 가치로 여겨주었다. 남자와 여자의 노동력 또한 동일한 가치로 간주한 것으로 보아, 많은 인원이 필요한 일에는 품앗이를 행하지 않았으리라고 추측한다.

품앗이와는 좀 다른 개념의 문화로는 두레가 있다. 개인의 의사는 제쳐두고 한 마을의 건장한 남자라면 전원이 반강제적인 노동력을 제공해야 했었다. 아무래도 모내기, 물대기, 김매기, 벼 베기, 타작과 경작까지 일손이 많이 필요했으므로 엄격한 규율도 필요했다.

이렇게 여유와 인정이 깃들어져 있는 품앗이나 두레야말로 우리의 한민족의 고유한 정서가 아닌가 한다. 동서고금을 막론하고 건강한 사회는 서로 돕는 사회이다. 하지만 날이 갈수록 현 시대는 각박하고 개인적인 사회가 되어 가고 있다.

'혼밥'과 '혼술'이 문화로, 직장 생활에서 상식처럼 여겨지던 기업의 회식 문화도 점차 자리를 잃어가는 상황이다. 기성의 세대들은 지극히 개인주의적인 90년생들의 의식구조를 이해하기 위해 책을 읽어야 할 상황이다 물론 지금도 서로가 서로를 돕는 행위는 여전히 이어져 오고 있다. 서로 돕지 않는다면 세상은 하루아침에 무너져 버릴 것이고, 재생은 불가능하다. 모두가 IMF를 기억할 것이다. 우리나라 온 국민이 금을 모으는 운동을 벌여 세계 어느 나라에도 없는 유래를 만들어 내고 짧은 시간 안에 IMF 시기를 벗어나는 것으로 전 세계의 이목이 우리나라에 집중 된 바 있었다.

최근에 코로나 사태만 보더라도 대구 지역에 문제가 발생했을 당시 바이러스 확산을 방지하기 위해 각 곳의 의료진들이 눈물겨운 희생으로 마지막 확진자까지 모두 치료를 끝내고 귀가 하는 모습은 우리 모두의 존경을 불러일으키기에 충분했다.

그러나 자본주의 사회에서 끝없는 경쟁에 내 몰리며 점점 우리라는 개념이 희박해져 가는 것 또한 부인할 수 없는 사실이다 나는 이 같은 상황이 안타깝고 슬프다. 우리는 언제부터 '우리'가 아니게 되었을까?

» 품앗이 정의 - 한국민족대백과

10

우리라는 이름의 플랫폼

나는 늘 '함께'를 꿈꾸는 사람이다. 태생적으로 외로움이 많기도 하고 작은 것이라도 함께 나눌 때 가장 행복하기 때문이다. 또한 피페이의 주요 소비층인 소상공인들이 견고히 서야 나라 경제가 든든히 설 것이라는 믿음 때문이기도 하다. 내가 피페이를 사랑하는 이유 중 하나가 바로 피페이는 기업인 우리가 소상공인들의 고충을 덜어주며 서로 상생하는 플랫폼을 구축 할 수 있는 아이템이기 때문이다.

피페이가 꿈꾸는 플랫폼은 소상공인들에게 실제적인 도움이 될 만한 양질의 서비스를 계속해서 제공하는 장이다. 창업에 대한 정보 교육이라든지, 절세하는 노하우나 셀프로 마케팅을 하는 방법 등을 서비스하는 것으로 시작해 소상공인들이 자생하고 상생 할 수 있는 각종 정보나 교육 등을 나눌 수 있는 역량을 갖춰 나가고자 한다.

지난 2018년 12월 10일, 통계청에서 발표한 기업생멸 행정통계를 살펴보면 현재 창업시장이 얼마나 심각한 상태인지 알 수 있다. 2017년 기준으로 하면 활동기업은 605만 1천개이고, 전년대비 약 5% 증가한 수치이다. 이 중 법인기업은 62만 1천개, 개인 542만 9천개로 나타났으며, 법인은 제조업과 건설업, 개인은 음식점과 서비스업 비중이 높음을 알 수 있다.

문제는 신생기업의 생존율인데 1년 평균 65%, 5년 평균 28.5%가 살아남는다. 이중에서 종사자수 1인 기업은 신생기업의 89.9%임과 동시에, 소멸기업의 91.6%를 차지한다. 5인 미만 사업장도 수치의 차이가 있을 뿐 1인 기업의 성패와 비슷하다. 참담한 수준이라고 할 수 있는 것이다. 또 창업의 선배로서 또 미래의 파트너 업체로서 창업자가 이렇게 쉽게 무너진다는 건 참으로 가슴 아픈 일이 아닐 수 없다. 아버지가 무너지면 자식까지 고통이고, 중소기업이 무너지면 하청업체까지 휘청거리게 되는 것이다.

왜 이런 일이 일어나는 것일까? 현재 각 곳에서 서비스되고 있는 창업교육은 원론적인 이론에 그치는 경우가 허다하다. 수 없이 많은 창업자들이 제대로 된 가이드나 교육 하나 없이 무작정 사업을 시작한다. 전문가의 시각에서 보면 마치 폐업을 하려고 창업을 하는 것처럼 보일 지경이다. 창업 교육에 빠져서는 안 되는 것이 바로 올바른 금융에 대한 지식이다. 장사는 매출을 높이는 것만 중요한 것이 아니라, 수입 대비 고정비용을 줄이고 스스로 재정에 대해 설계를 할 줄 알아야만 성공할 수 있는 일이다. 검증된 진짜 전문가들, 창업을 통해 성공적으로 수익을 창출해내고 있는 현직 선수들의 살아있는 가르침과 노하우가 전달 될 때 폐업률이 줄어들고 사회 전반의 경기가 살아나기 시작할 것이다.

이러한 교육 못지않게 중요한 것이 마케팅에 대한 교육이다. SNS를 기반으로 1인 미디어 시대가 열리고 소상공인 사장님들도 이제는 스스로 마케팅을 해야 하는 시대이다. 수많은 곳에서 마케팅에 대한 교육을 하고 있다. 하지만, 막상 교육을 받고 스스로 마케팅을 해 보려

하면 어떤 컨셉으로 어떤 채널에 무엇을 해야 하는지 다시 막막해진다.

블루비는 본래 마케팅을 서비스하던 회사이다. 그 이력을 기반으로 소상공인들에게 쉽고도 효율적인 실전 마케팅을 교육하고 상생의 플랫폼을 제공하려고 기획 중이다. 현재 블루비에서 소상공인들의 고질적인 마케팅 고민을 해결 해 주기 위해 '이만한 마케팅'이라는 고퀄리티의 마케팅 제품을 실비 정도로 서비스하고 있는 이유도 같은 맥락이라고 할 것이다.

창업을 한다는 것은 결코 쉬운 일이 아니다. 그럼에도 우리는 이미 100세 시대에 접어들었고, 누구든지 언젠가 적어도 한번은 창업을 고려해야하는 시대에 살고 있다. 사회 전반을 향해 성공적인 창업과 폐업을 면하는 법에 대한 제대로 된 교육과 가이드가 절실한 이유 중의 하나이다.

우리는 창업을 통해 실패와 성공을 경험했고, 수년 간 현장을 돌며 소상공인들에게 진짜로 필요한 것이 무엇인지 깨달았다. 그러나 우리의 적은 힘만으로는 역부족이다. 먼저 소상공인들 자신이 문제의식을 가지고 이와 같은 창업의 생태에 대한 개선과 극복의 의지를 드러내야 하고 정부의 적극적인 도움도 받아 내야 한다. 우리와 우리의 소중한 사람들을 위해 성공적인 창업을 해야 하고 우리 자신의 생존권을 지켜나가야 한다. 피페이는 대한민국 천만 소상공인들과의 아름다운 동행과 상생을 꿈꾼다.

참고자료 ....

» 청년창업 지원 사업 잘되고 있나 – 경향신문

» 2018년 기업생멸 행정통계 – 통계청

» 창업교육 무엇이 문제이고 어떻게 바뀌어야 하나 – 브런치

제4장

피페이가
만들어갈
미래

1

피페이를 통해서 만들어 갈 미래

현금이 돌아야 남는 장사를 할 수 있다

피페이를 완성하기까지 많은 고충이 있었다. 첫 번째와 두 번째 모델을 거치며 문제점을 개선하려 했고, 질타도 적지 않았지만 그것도 약이라는 생각으로 세 번째 모델을 출시했다. 출원명도 프로페이, 페이프로 등 다양한 제안이 있었으나 먼저 상표를 등록한 업체가 있어 사용하지 못했다. 최종적으로 'Present-Pay' 즉, '피페이'로 결정했다. 소상공인 사장님들에게 선물 같은 페이가 되겠다는 의미이다.

거듭 말한바와 같이 피페이는 소상공인 사장님들이 주요 고객층이다. 이미 중년의 연령이 된 사장님들이 대부분인 시장이다. 젊은 시절부터 장사를 해 오신 분들도 계시고 퇴직 후 창업을 한다든지 업종을 바꾸어 가며 시대에 적응 해 생존하기 위해 필사의 노력을 다하는 세대이다.

제 4차 산업혁명이라고 불리는 시대의 흐름을 좇기도 벅찬 이들 세대에게 코로나까지 덮쳤다. 시대는 예기치 못한 작용들로 급변하고 있고, 그 변화만큼 달라져가는 시장의 상황을 따라 다양한 결제 솔루션들이 앞 다퉈 개발 출시 중이고 이 같은 상황은 갈수록 더 할 것이다.

물론 달라져 가는 시장 환경에 빠르게 적응하는 사람들이 있다. 그러나 사람의 행동 습관과 오랜 시간 뿌리 내려 온 문화는 하루아침에 달라지지 않는다. 홍채인식으로 스마트폰 잠금기능을 해제하는 사람이 있는 반면 비밀번호 설정도 못하는 사용자가 있는 것이다.

기성의 소비자들은 플라스틱 카드로 간편하게 결제하는 문화에 오랜 시간 길들여져 왔고, 피페이는 사용자의 오랜 행동 습관을 그대로 살리면서도 사장님들이 가장 원하는 현금결제를 간편하고 안전하게 서비스한다. 제로페이처럼

피페이도 궁극적으로 시장의 현금 결제 활성화를 목적하고 있는 것이다.

일본의 경우 카드 사용률은 전체 소비의 20%에도 미치지 못한다. 이유는 단순하다. 그들은 현금 사용을 불편하게 생각하지 않는다. 게다가 신용카드를 쓰면 과소비를 하게 된다고 생각한다. 그러니 자연적으로 현금 회전율이 높을 수밖에 없다.

우리는 지난 30여 년간 신용카드의 무분별한 사용으로

사회적인 혼란을 충분히 겪고도 아직까지 현금 결제가 얼마나 중요한지 제대로 된 교육을 받지 못했다. 현금 결제가 가져다주는 순기능에 대한 정확한 이해나 교육이 상대적으로 너무 부족한 실정이다. 현금이 돌아야 남는 장사기 되는 것이 상식인데도 말이다

혈액 순환이 잘되지 않는 몸은 병이 든다. 겉으로는 멀쩡해 보여도 어딘가 흐름이 막혀 심각한 상황에 놓이기도 하는 것이다. 시장에 현금이 돌지 않는다는 것은 마치 이와 같은 것이다. 현금 회전률도 이와 같은 맥락이다. 한번 흐름이 끊겨 버리면 생각지도 않던 곳에서 비명이 터지고 사회적인 고통이 마치 도미노처럼 발생한다. 현금이 돌아야 자금 회전율이 높아지고 대출을 얻는 비용이 줄어든다는 것은 이미 상식이다. 현금이 돌아야 가계 파산으로 인한 이혼율도 급감하게 되는 것이다.

자본주의 국가에서는 경제적인 상황이 좋아지면 사회 전반의 분위기가 확 달라진다. 이것이 상식이다. 광에서 인심 난다고 했던가? 우선 내 주머니가 두둑해져야 삶에

도 관계에도 윤기와 여유가 도는 법이다.

　이처럼 간편한 방식의 현금 결제 솔루션이 우리 사회 전
반에 불러 올 나비 효과는 결코 미미하지 않다. 다시 한 번
강조하거니와 현금이 돌아야 남는 장사가 될 수 있고 이를
위해서는 간편하게 현금을 받을 수 있는 결제 솔루션을 도
입하는 것이 시급하고도 필수적인 일이다.

참고자료

»　피페이 유튜브 채널

»　카드빚 때문에 자살을 계획하다 – 시민참여연대

»　일본사람들은 왜 신용카드보다 현금 결제를 선호할까? – 1분뉴스

2

피페이 월드

'피페이 월드'는 피페이의 공식 웹사이트 이름이다. 기업과 소비자 소상공인들이 서로가 서로의 도움이자 힘이 되는 문화를 만들어 가는데 피페이가 앞장서고자 하는 염원을 담아 지은 이름이다. 우리는 피페이를 통해 '너'를 잘되게 해서 '나'도 잘되는 '피페이월드'를 만들고 싶다.

현재는 점점 더 많은 기업들이 공생과 상생의 가치를 내세우기 시작했지만, 사실 우리는 기성의 세대로부터 상생의 경영마인드보다는 경쟁의 롤을 더 많이 보아왔다.

같은 맥락으로 소상공인들을 파트너로 두는 수많은 프랜차이즈들이나 유명 배달 앱들의 횡포 또한 심심치 않게 들는 소식이다. 도대체 왜 그럴까? 아마 그들 자신도 좋은 기업 경영의 롤을 본 적이 없고 배울 기회도 없었던 이유도 한몫을 차지했으리라고 생각한다.

그나마 사회 전반의 분위기와 의식이 많이 성장함에 따라 프랜차이즈 본사의 이른바 '갑질' 논란은 창업 초기에 비해 조금 나아진 듯 보인다. 가맹점의 부담을 최대한 낮춰주고 그들의 입장을 고려한 경영을 펼치는 곳이 늘어가는 추세다. 그러나 여전히 악덕인 기업들이 넘쳐나고 있는 것도 사실이다.

다만, 그 형태가 달라졌다. 불공정한 특약 사항을 주먹구구식으로 들이밀던 예전보다 좀 더 교묘하고 영리해진 것이다. 가깝게 편의점 가맹 과정만 보더라도 단편적으로 무엇이 문제인지 파악할 수 있다.

예를 들어 보자. A 편의점 브랜드를 창업할 경우 대략 2,000만원 초반대의 비용이 든다. 상대적으로 정말 낮은 가격으로 창업을 할 수 있다. 하지만 보증금 개념으로 담보금을 추가로 지급해야 한다. 부동산 근저당권, 이행보증보험 등은 임차 시 필요한 사항인데 본사 측의 위험 부담을 인정해 지급을 하는 것이다.

대부분 편의점 가맹을 맺으려고 하면 수익형을 권유한
다. 이는 가맹점주가 3;7로 더 많은 수익 배분을 가져가는
구조로 매우 솔깃한 제안이다. 하지만, 여기에 위험이 존
재한다. B급 상권이 아닌 A급 상권이라면 임대료와 보증
금 게다가 권리금까지 상당한 수준이다. 권리금은 아껴둔
돈과 대출해 둔 돈으로 지불했다 하더라도, 100㎡에 500
만원을 선회하는 자리에서 장사가 안 되기라도 하면 그 부
담은 고스란히 가맹점주의 몫이 되는 것이다.

반면 안전형은 임차권을 본사가 소유한다. 다시 말해,
가맹 점주는 본사에게 가게를 빌리는 전대차 개념으로 계
약한다. 임대료는 점주가 내더라도 권리금은 본사가 내는
것인데, 아무래도 수익형에 비하면 마진이 떨어진다.

한 달 운영으로 1,000만원이 남았다면 300만원은 본사
가 취하고, 남은 700만원에서 기타 고정비용을 충당해야
한다. 앞서 살펴보았듯이 일반적으로 매출의 20%를 순익

으로 본다면 200만원 남짓의 돈을 손에 쥐게 되는 것이다.

여기에 더해 인테리어 위약금도 존재한다. 잔존 가치가 해를 거듭할수록 떨어지는 것은 사실이지만, 수 천 만원을 내야하는 상황이 발생될 때는 하늘이 캄캄한 기분이 들 것이다. 상대적으로 가벼워 보이는 조건에 편의점을 가맹했다가 결국 폐업으로 연결되는 경우가 허다하다.

2019년 2월 13일, 통계청이 발표한 1월 고용 동향에 따르면 지난달 실업자 수가 122만 4,000명으로 작년 1월보다 20만 4000명 늘었다. 코로나까지 덮치면서 자영업 시장이 연속 침체를 면하지 못하는 상황이다. 얼마 전에 한 기업의 모 부장님과 술을 한잔하면서 들은 이야기다. 주변에 퇴직한 선배들 중에 그나마 퇴직금을 보전하고 있는 사람들은 창업 전선에 뛰어들지 않는 사람들뿐이라는 것이다. 퇴직을 얼마 남기지 않은 그는 그 말을 하며 쓰게 웃었다.

업계에서는 프렌차이즈 성공확률을 20~30%, 개인 창업자는 10% 내외로 보지만, 일각에서는 이마저도 창업을 부추기는 과대광고라고 지적했다. 그만큼 폐업률은 심각한 수준인 것이다. 그렇게 폐업을 경험한 사람들은 지금 모두 어디에 있을까? 아마 앞으로 점점 더 많은 이들이 상대적으로 진입이 쉬워 보이는 네트워크 사업이나 1인 온라인 쇼핑몰 등의 창업 시장에 뛰어 들 가능성이 매우 높다.

이렇게 치열한 창업의 시장 한가운데서 고군분투하는 대한민국의 천만 소상공인들이 피페이의 주요 고객층이다. 그러므로 우리는 이들의 성공적인 장사에 지대한 관심을 가지고 있고 그들과의 상생의 접점을 끊임없이 고민 중이다.

내가 가지고 있는 닉네임 중 하나가 장기남이다. 장사의 기본을 가르쳐 주는 남자, '장기남'!

20대 아무것도 모르던 시절부터 나는 밑지는 장사를 해본 적이 없다. 기획하고 준비하고 실행하고 분석하고 업그레이드하기를 멈추지 않은 까닭이다.

거기에 피페이라는 금융 결제 플랫폼 사업을 하며 현금이 도는 장사가 성공적인 창업의 필수 요건이라는 것을 더욱 확신하는 만큼 나는 성공창업학교를 만들어 이 사실을 강력하게 캠페인 해 나갈 것이다. 지금 장사를 준비하는 분이 계시다면 명심하시라! 결제의 방식만 바꿔도 남는 장사가 될 수 있다!

더불어 아무런 사전 지식도 없이 생존에 대한 본능 하나로 무모하게 창업 시장에 뛰어 들었다가 실패를 거듭하는 사장님들에게 처음 시작부터 남는 장사를 하려고 한다면 무엇을 어떻게 해야 할지, 성공한 창업자가 되기 위해서는 뭘 알아야하고 어떤 준비를 해야 하는지 하나부터 열까지 전문가들을 모셔와 가르쳐 줄 생각이다.

이외에도 피페이월드는 사람들이 살아가는데 필요한 지식과 정보, 남녀노소 불문하고 소통할 수 있는 공간, 도움, 협업, 소통 등을 서로 주고받을 수 있는 곳으로 기획중이다. 이른바 어른들의 학교 '인생학교'를 만들어 더불어 함께 잘 사는 세상을 만드는 일이 피페이월드의 가장 강력한 미션 중 하나이다.

다시 말하면, 우리 조상들의 기본 소양이었던 품앗이와 같은 개념을 녹인 오프라인을 품은 온라인 커뮤니티를 만드는 것, 그것이 우리가 피페이를 통해 이루고자 하는 꿈이다.

적극적으로 사업이나 사회 활동을 하는 사람 중 온라인 커뮤니티 활동을 하지 않는 사람이 거의 없다. 예전에는 학연, 지연을 통한 오프라인에서의 인맥이 관계의 주를 이뤘다고 한다면, 지금은 온라인 커뮤니티를 통해 인맥이 넓혀지고 있다. 창업을 하려는 사람들, 자영업을 하고 계시는 사장님들은 반드시 온라인 커뮤니티를 적절히 활용할 줄 알아야 한다.

알아서 잘 하는 사람도 있겠지만, 반드시 누군가 도와줘야만 하는 사람도 있다. 피페이 역시 온라인 커뮤니티를 통해 소중한 인연을 만들어 가고 있고, 사업의 기반을 넓혀가는 강력한 축으로 활용 중이다.

온라인 커뮤니티나 채널에 대한 이해와 분석이 창업의 성공 비결 중 하나임은 이제 모두가 알고 있을 것이다. 포스트 코로나로 사람과 사람의 대면이 금지되고 꺼려지고 있는 이 때 비대면 방식의 온라인 커뮤니케이션은 성공적인 사업에 대해 더욱 그 가치를 발하게 될 것이다.

미국의 실리콘밸리에는 '돌려주기 문화'라는 기업 문화가 있다. 성공한 선배 기업가가 될 성부른 후배들에게 아무 조건 없이 투자와 자문을 아끼지 않고 그들이 훌륭한 기업인으로 성장 할 수 있도록 돕는 것이다. 그렇게 선배의 도움으로 성장한 사람들이 또 그렇게 값없이 받은 도움을 선배에게 되갚는 대신 후배들에게 내려 갚는다. 나는 그들이 그런 삶의 철학과 가치를 몸소 실천하고 사는 것이 정말 부럽다.

피페이월드가 척박한 대한민국의 창업 시장에 한줄기 단비같은 존재가 되어 주는 것 그것이 피페이가 대한민국의 금융문화를 선도하고자하는 제1의 미션과 함께 반드시 이루어야 할 과제라고 믿는다.

» 프렌차이즈 본사 갑질, 내년부터 인천에서 조정한다 - 인천투데이

» 편의점주의 눈물 이유 있다 - 뉴데일리

» 불확실한 창업시대 성공방정식 준수 필요 - 여성소비자

3

급변하는 시대와
다변화되어 가는 화폐

스마트폰은 우리 시대의 필수품이 된지 오래다. 스마트폰이 없으면 생활이 불가능한 스마트폰 중독자들이 곳곳에 넘쳐난다. 전에는 가족들이 거실에 옹기종기 모여 함께 TV를 시청하는 모습이 당연하고 자연스러웠지만, 지금은 각자의 스마트폰을 가지고 자기 방으로 들어가 서로 다른 관심 분야의 내용을 자기 스마트 폰으로 즐긴다.

가족 간의 식사 시간에도 마찬가지다. 밥을 먹으면서도 손에서 폰을 내려놓지 않는다. 서로 대화도 없이 폰 안에 펼쳐진 자기만의 세상 속으로 들어가는 풍경이 자연스러워진 건 불과 얼마 되지도 않은 시간 안에 이루어진 일이다.

애니메이션 기획 및 제작 전문 업체인 아이코닉스의 명작 '뽀로로'는 더 이상 TV 채널의 전유물이 아니다. 대여

섯 살의 아이들이 스마트폰으로 동영상 플랫폼 유튜브 채널에 뽀로로를 검색한다. 더 놀라운 건 검색이 아닌 음성으로 원하는 것을 찾아서 본다는 것이다.

만화나 영화를 TV로만 보던 시절이 있었다. 정해진 시간에만 나오는 만화를 보기 위해 가슴 두근거리며 기다리던 시절이다. 신문에 실린 TV 프로그램 편성표를 살피며 재미난 게 없는지 이 잡듯이 뒤졌었고 어쩌다 재미난 영화가 방영된다는 소식을 접하면 종이에 적어두었다가 친구와 정보를 공유했었다. 재미있는 드라마가 방영되는 날에는 길거리에 사람이 드물던 시절을 지금의 스마트폰 세대들이 어떻게 이해를 할 수 있겠는가?. 한 시대 한 공간 안에 서로 다른 문화의 공간과 시대를 살고 있는 셈이다.

결제와 화폐에도 이 같은 변화와 양극이 존재하기 시작했다. 앞서 짧게 언급했던 지역화폐와 재난지원금을 살펴보자. 코로나로 발발 된 국가적 재난에 대해 정부가 국민들에게 재난지원금을 주면서 현금이나 쿠폰이 아닌 지역화폐로 주기로 했다고 한다.

지역화폐란 무엇이고, 어떻게 쓰는 걸까? 그리고 왜 정부는 긴급재난지원금을 지역화폐로 주기로 결정한 걸까? 이에 관해 좀 더 심층적으로 조명 해 다뤄보기로 하겠다.

지역화폐란, 말 그대로 특정 지역 내에서만 사용할 수 있는 화폐로 현재 경기도 내에만도 31개의 시군이 각각 자기 나름의 지역화폐를 다양한 형태로 발행하고 있다.

지역화폐는 결제방식과 발행방식으로 구분한다. 결제방식으로 구분해보면, 시흥은 QR코드 결제방식인 모바일형 지역화폐 '시루'를, 고양시는 선불형 충전식 체크카드방식인 '고양페이'를, 성남시는 지류형,카드형,모바일형 3종류로 '성남사랑상품권'을 발행했다.

발행방식에 따라서는 '정책발행'과 '일반발행으로' 구분할 수 있다.
'정책발행'은 긴급재난지원금의 경우처럼 정부보조금을 지역화폐로 주는 것이다. '일반발행'은 소비자가 구입해서 쓸 수 있는 것이다. 할인율이 높다거나 캐시백을 많이 해 주는 등의 정보를 기초로 소비자의 니즈를 따라 선택하면 된다.

이러한 지역화폐는 발행한 지역 내에서만 사용할 수 있고 주로 전통시장이나 영세 상점 등을 사용처로 제한한다. 즉, 백화점, 쇼핑센터, 대형마트 등 연매출이 10억 원을 초과하는 사업체, 유흥업소, 주유소 등에서는 사용이 불가하도록 했다. 이는 지역화폐의 목적이 '지역경제 활성화'이기 때문이다.

대다수 지방 정부들은 온라인 경제의 발전과 대기업 중심의 경제로 인한 소득의 '역외 유출'로 고민이 많았다. 지역에서 일하고 지역이 제공하는 각종 복지혜택을 누리는 주민들이 정작 서울에 본사를 둔 대형마트나 백화점에서 소비를 많이 하다 보니 지역으로 흘러 들어와야 할 세수가 부족하게 되고 만년 적자 상태를 면하지 못하게 된 상황을 타개하기 하기 위해 기획 된 것이 지역화폐이다.

말하자면, 지역화폐로 '지역경제 활성화'와 '재정 적자

완화'의 두 마리 토끼를 한 번에 잡고자 한 것이다.

성공적으로 운영 중인 지역화폐의 사례로는 우선 정부 지원금 등을 지역화폐로 지급한 경기도 성남시의 '성남사랑상품권'이 있다. 2006년 20억 원의 규모로 시작한 사업이 2017년 260억원까지 늘어나며 성공리에 안착해 대표적인 성공 사례로 꼽히고 있다.

강원 화천시의 경우 관광객들을 대상으로 '화천사랑상품권'을 발행해 산천어 축제 입장권을 사면 일부를 지역화폐로 돌려주는 방식으로 관광수입까지 늘렸다는 호평을 받았다. 초저 예산인 4,400만원으로 시작해서 7억여원의 수익을 달성 해 부가가치를 16배나 창출한 것으로 조사되었다.

이 같은 성공 사례들을 시발로 지난해까지 지역화폐를 발행한 전국 광역 기초자치단체는 177곳에 달하고 지역화폐 발행액은 2015년 892억원, 2018년 3,714억원, 2019년 2조 3,000억원으로 급격하게 증가해 올해는 3조

원을 넘어설 예정이라고 한다.

지역화폐의 장점 중 다른 한가지를 더 들자면, 제로페이처럼 QR코드 방식을 취하거나 선불카드 방식을 채택하는 경우가 많아서 소상공인들의 결제수수료 고민을 상당 수준 덜어 주고 있다.

하지만, 명이 있는 곳에는 반드시 암이 있는 법이다. 위에 언급한 바와 같은 장점에도 불구하고 지역화폐에도 불편한 진실은 숨어있다.

지역화폐에서 제공하는 각종 혜택이 결국은 우리가 낸 세금에서 나가는 것이라는 사실이다. 결국 내가 낸 세금으로 영세한 자영업자나 소상공인들의 가격경쟁력을 키워주는 것 아니냐?하는 불만의 목소리도 들려온다.

또한, 사용처의 제한이나 결제 방식의 불편함 등으로 지역화폐의 활용도가 일회성에 그치고 있는 곳이 압도적으로 많다. 주먹구구식으로 운영하다가는 운영비만 화수분처럼 들어가게 될 수도 있는 것이다.

제기되는 또 다른 문제로는 흔히 '깡'이라고 말하는 불법적인 현금화를 들 수 있다. 액면가 대비 20%의 할인율을 적용하는 지역화폐를 100만원어치 사서 현금으로 교환하면 별다른 수고 없이 그냥 앉아서 20만원을 불로소득하는 셈이 된다. 이런 일을 미연에 방지하기 위해 구입한도를 설정하는 등의 장치를 마련해 두기도 한다. 이 문제를 제대로 대응하지 못한다면 지역 경제를 살리고자 하는 정부의 의도와는 달리 재정은 재정대로 지출되고 돈은 시장의 활성화에 아무런 도움도 되지 않는 곳으로 흘러 들어가게 될 것이다.

또 하나 고민해야 할 문제가 있다. 복지수당을 지역화폐로 지급하는 정책이 사라진다면, 또는 각 지자체가 재정을 털어 제공하는 할인이나 캐시백 혜택이 없어진다면 그때는 어떻게 될까? 과연 그 때도 사람들이 지역화폐를 계속 쓸까? 아마도 어려운 일이 될 것이다.

지역화폐 시장은 이제 걸음마를 떼기 시작한 아기와 같다. 초기 단계부터 지역화폐 본래의 목적을 성실하게 달성할 수 있도록 더 치밀하게 기획하고 연구하여 정부 주도의 각종 인센티브가 없어지더라도 매력적인 화폐로 남도록 해야 한다.

그럴 때 기성세대에게는 아직 생소하고 그 개념이 헷갈리기만 하는 지역화폐가 자라나는 세대들에게는 매우 자연스러운 화폐문화가 될 수도 있을 것 같다. 마치 스마트폰처럼 말이다.

참고자료

» 내가 없으면 부모님은 스마트폰 사용도 어려워 – 한겨레
» 노인을 위한 디지털은 없다 – 키뉴스
» 부모님과 대화는 하지만 말은 안 통해요 – 중앙일보
» SNS에 '자살' 암시 글 뜨면, 핫라인 통해 바로 도움 손길 – 중앙일보
» 온라인 게임하는 아빠와 딸 이야기 – 네오필 온라인 포스트
» 긴급재난지원금은 왜 지역화폐로 줄까? – 서울경제썸 Thumb

4

끝은 없다

2019년 2월 25일, 스페인 바르셀로나에서 열린 모바일 월드 콩그레스(MWC)에서 S10의 새 전략을 공개한 바 있다. 출고가 150만원의 고가제품이 되리라는 부정적 인식과 동시에 그만큼 뛰어난 제품이라는 평이 많았다.

화면 크기, 배터리 용량, 액션 캠, 눈 건강을 보호하는 블루라이트 차단 기능 등 많은 기능 중에도 특히 암호화폐와의 결합은 그 파급력이 대단했다. 비트코인, 이더리움, 코즘, 엔진 코인 등 총 4종류의 암호화폐지갑을 탑재하는 것으로 숨죽어 있던 블록체인 시장에 날개를 달아준 셈이다.

뷰티 소셜 플랫폼인 코스모체인은 지갑뿐 아니라, 이더리움 기반 암호화폐인 코즘을 활용한 어플리케이션을 사용할 수 있다. 또 뷰티 정보 등을 올리면 보상으로 코즘을 받을 수 있어 공급자와 수요자의 유기적인 움직임을 기대해 볼 수 있다.

게임 아이템 거래가 주 목적인 엔진 코인은 서로 다른 게임들이 동일한 가상의 자산을 공유하는 형식을 취하고 있다.

삼성전자 무선사업부는 지난 2016년부터 크리에이티브 스퀘어 프로그램을 운영해왔다. 모바일 관련 혁신 아이디어나 기술을 보유한 스타트업을 발굴 육성하겠다는 취지였고, 이로써 S10에 장착된 암호화폐도 기획 상품으로 끝낼 게 아님을 알 수 있다.

대표적으로 블록체인 기반 해외송금 서비스 분야를 연구한 업체 '모인'과 암호 화폐 결제 송금 분야에 주력한 '코인덕'이 협력했다.

특히 모인은 해외송금 서비스를 위한 '규제 샌드박스'까지 신청했고, 미국, 일본, 중국, 싱가포르 등 4개국에 송금 가능한 블록체인 기반 송금 서비스를 시행하고 있다. 규제에 불만을 터뜨리던 국내 암호 화폐 시장도 차츰 윤곽이 드러날 전망이다.

더불어 시중은행이 해외로 자유롭게 송금하는 서비스를 고스란히 가져온다는 점에서 관련 업체들의 움직임도 주목해 볼 필요가 있다.

'규제 샌드박스'는 새롭게 출시한 제품이나 서비스를 일정 기간 동안 기존의 규제를 면제하는 제도를 일컫는다. 쉽게 말해 신기술이 국민의 생명과 안전에 저해되지 않는다면 정해진 법령이 있어도 시장 출시를 임시로 허가하도록 지원하는 개념이다.

앞서 '모인' 이외에도 면세점을 이용한 해외여행자의 세금 환급 서비스를 신청한 업체도 있다. 'EBC 파운데이션'이 그 주인공인데 제주시와 손을 잡고 블록체인 규제자유특구에도 참여할 계획이라고 알려져 있다. 그 동안 해당 서비스를 해도 되는지 알 수 없어 국세청 및 관세청 등 관련 기관에 수차례 문의했으나 시원한 대답을 들을 수 없었다는 게 후문이다.

현재 해외 여행객이 면세점을 이용하면 세금 이외의 수수료도 적지 않게 지불해야 한다. 대행사를 이용하면 돌려받는 세금의 일정 부분을 수수료로 내야 하는데, 해당 업체는 그 과정을 암호화폐로 대신한다는 개념이다.

'규제샌드박스' 신청의 심의 결과가 좋지 않다면 무용지물이겠지만 이는 규제를 풀어달라는 사업자들의 아우성으로 해석 될 수 있다. 처음에는 한 두 사람이 신청하겠지만 머잖아 암호화폐의 활용도가 높아질수록 점점 더 많은 업체가 새로운 시장을 공략할 것이다. 걷잡을 수없이 커져만 가는 암호화폐 시장, 그로 인해 발생하는 다양한 결제혜택도 소비자 입장에서는 관심을 가져야만 하는 때이다.

특히 암호화폐와 결제시장의 만남은 갑작스럽게 느껴질지 몰라도 인공지능과의 결합은 이제 더 이상 놀랄만한 이슈가 아닌 듯하다.

반가운 사실은 편리함을 추구하며 보안 기술도 덩달아 성장한다는 점이다. 비밀번호 설정 시 숫자와 영문 조합 게다가 특수문자까지 짜증이 이만저만 아니던 때도 곧 잊혀 질 전망이다. 인공지능 기술은 편리한 결제수단과 더불어 안전성을 추구하며 성장 중인데 지난해 한국거래소에서 도입한 '엑사이트' 역시 위대한 발명품이라 생각한다.

80억 원을 투입하며 개발한 엑사이트는 한국거래소의 약자 'EX'와 감시자인 'Sight'의 합성어이다. 18개월에 걸쳐 설계와 통합테스트까지 완료한 뒤 보안과 안전을 위해 암호화폐 시장에 뛰어들었다. 문제가 생겼을 때 해결하는 것도 중요하지만 예방하는 게 더 중요하다는 것을 보여준 사례라 볼 수 있다.

정말 끝은 없는 것 같다. 일본의 마쓰시타 전기산업을 설립한 '마쓰시타 고노스케'가 자신의 자서전 『해야 할 일은 해야 한다』(2005)에서 보여 준 기업인의 마음가짐이 인

상 깊었다. "어제와 같은 일을 오늘은 되풀이 하지 않는
다. 아무리 사소한 것이라도 상관없다. 아무리 보잘 것 없
는 일이라도 상관없다"면서 가장 중요한 것은 같은 연구
가 누적되어 현재의 발전을 이룩했다는 점을 강조했다. 누
군가의 불편함을 해결해주고 이타적일 수 있는 것, 그것을
지속적으로 연구하는 것이야 말로 피페이의 기업관이기도
하다.

세상의 변화는 어쩔 수 없는 자연의 이치이다. 우리가
사는 세상도 자연의 일부이고 삶은 변화의 연속이다. 피페
이도 환경의 변화를 따라 조금씩 더 성장해 갈 것이다. 암
호화폐나 인공지능이 점점 편리한 시스템을 만들어내는
것처럼 피페이도 더 발전된 모습으로 성장해 나아가고자
한다.

세상은 급변하고 있고 여전히 결제시장의 틈새를 메꿔
줄 사람이 필요하다. 피페이뿐만 아니라 현재의 결제 시스
템에 문제를 제기하는 많은 사람들이 뭉쳐야 한다. 우리는
아직 끝을 생각하고 싶지는 않다. '페이 전쟁'은 이제 시작

이다. 이와 관련된 많은 업체가 공생이라는 목표를 가질
수 있기를 바라마지 않는다.

참고자료

»   삼성 갤럭시 s10에 가상화폐 4종 탑재 확인 – 한국경제
»   갤럭시 s10이 암호화폐를 품은 이유 – 파이낸셜 뉴스
»   갤 s10에 암호화폐 지갑 넣는 삼성전자,
    모바일 핀테크 눈독 – 파이낸셜 뉴스
»   규제 샌드박스 정의
»   제주도와 손잡은 블록체인 서비스 규제 샌드박스 심의 통과할까 – 중앙일보
»   엑사이트 – 팍스경제뉴스

5

스마트 혁명의 시대
그리고 포스트 코로나……
그럼에도 우리는 이겨내야 한다.

1592년 4월 14일 오후 5시. 병선 700여 척이 부산 앞 바다를 가득 메웠다. 예의주시하며 검은 바다를 지켜본 병사들도 그 순간 어쩔 도리가 없음을 깨달았다. 일본군은 부산 진성의 첨사인 정발과 그 수하 병력들을 잔인하게 죽인 뒤, 부산의 심장이었던 동래부를 침공했다. 부사 송상현은 격투 끝에 장렬히 전사한 후였다.

일본군의 1번대 수장인 고니시는 지체하지 않고 휘하의 장수들을 이끌고 양산, 밀양, 청도, 대구까지 진군했다. 2번대 수장인 가토는 시체가 즐비한 부산항에 도착해 곧바로 기장을 거쳐 울산을 함락했다. 뒤이어 경주와 문경을 차례로 무너뜨리며 고니시 군대와 연합해 충주로 들어갔다.

선조는 왜군이 한양으로 온다는 소식을 듣고 줄행랑을 쳤고, 신립 장군이 목숨을 걸고 마지막까지 싸웠지만, 결국 일본군은 20여 일 만에 한양을 손에 넣었고, 선조는 평양도 모자라 의주까지 이동해 명나라에 구원을 요청했다.

그 상황에 조선은 어떻게 되었을까? 평범한 일상을 영위해 나가던 일개 촌부들이 나라가 위험에 처하자 분연히 일어났다. 경상도의 '홍의 장군'으로 유명한 곽재우와 정인홍, 충청도의 조헌, 전라도의 김천일, 함경도의 정문부 등이 일본 수군을 훼파한 이순신 장군과 더불어 바람 앞에 등불 같던 조국과 사랑하는 사람들을 위해 목숨을 바쳤고 기어이 지켜 낸 것이다.

시대가 달라지고 모양이 변했을 뿐 주변국들의 야욕은 여전한 듯 보인다. 카카오페이의 2대 주주는 중국의 '알리페이'이다. 알리페이는 해외 시장 진출 전략으로 해외에 독립된 회사를 세우는 대신 현지 시장을 가장 잘 알고 있고 금융 관련 라이센스를 이미 보유하고 있는 파트너사들과 협업하는 방식을 택하고 있다. 알리페이의 카카오 지분

투자는 이와 맥을 같이 하는 것이다.

어찌 보면 조금 소극적인 시장 접근 방법이라고 보일지도 모르지만, 그들의 속내를 짐작 해 본다면 이야기는 달라진다. 알리페이는 현지 파트너들과의 협업을 통해 해외 시장 개척에 필요한 초기 자본을 줄이고 현지 파트너사들이 갖고 있는 자원을 흡수하여 강력한 자체 금융 생태계를 구축해 나갈 것으로 보인다. 최종적으로는 VISA, MASTER와 같이 전 세계를 하나로 잇는 거대 금융 네트워크를 건설하려 하는 것일 게다.

알리페이로 전 세계의 모든 화폐가 모이고 다시 퍼져나가게 되었을 때 그들이 갖게 될 영향력이 가히 상상이나 되는가?

이와 같이 결제는 단순히 매매의 수단만은 아니다. 1차적으로 남는 장사를 하고 그것으로 생계와 가족들의 행복을 지켜내는 통로이자, 국가 경제 존망을 결정지을 수도 있는 결정적인 키가 되기도 하는 것이 바로 결제다.

스마트 혁명 시대에 대한 준비가 제대로 되지도 못한 채로 우리는 포스트 코로나 시대에 빨려 들어가고 있다. 정말로 정신을 바짝 차리지 않으면 무엇에 의해서 어떻게 당했는지도 모른 채로 다치고 상하고 잃게 될 수 있다. 그럴 수는 없지 않은가?

눈앞의 문제만 생각하는 사람은 그 이면을 생각하고 거시적인 안목으로 기획하고 들어오는 상대를 결코 이길 수 없다. 저들은 이미 전쟁을 시작했는데, 우리는 아직 전쟁이 일어난 줄도 모른다면 결과는 불을 보듯 뻔한 것이 아니겠는가?

제4장 피페이가 만들어갈 미래

이처럼 중요한 결제에 대해서 그리고 결제의 이면에 대해서 아직까지 누구도 속 시원하게 말하는 것을 보지 못했다. 한국의 결제시장 만큼은 우리 기술이 주가 되어야 하며, 우리의 철학과 자주적 가치관이 녹아 있어야 한다. 나는 이 책을 통해 그것이 얼마나 중요한지 말하고 싶었다.

아직은 늦지 않았다. 이제는 우리 모두가 결제에 관해 알아야 하고 배워야 하고 지켜내야 한다. 결제는 우리의 고유한 문화이자 경제적 주권이고 우리 삶의 모든 희로애락과 생존에 대한 문제가 고스란히 담겨 있는 생명줄이기 때문이다 그 옛날 이름 없는 민초들이 들불처럼 일어나 나라를 지켜내었던 것처럼 우리의 결제 시장은 '우리'라는 이름으로 '우리'가 지켜나가야 함을 기억하길 바란다.

참고자료 📣

» 중국 핀테크의 거두, 그들에게 한국시장이란? - MIDIUM 사이트
» 임진왜란, 일제강점기 - 나무위키

5. 스마트 혁명의 시대 그리고 포스트 코로나…… 그럼에도 우리는 이겨내야 한다.

'피페이'는 좁게는 대한민국의 소상공인들의 성공적인 장사를 응원하고, 넓게는 대한민국의 결제 시장을 우리의 기술과 우리의 자본력으로 지켜나가고자 하는 소망으로 개발되었다. 더불어 오랜 시간 그릇 형성된 금융 문화와 소비패턴을 바로 잡는 일에 미력이나마 앞장서고자 부단히 노력해 오고 있다.

오랜 시간 상식처럼 통용되던 것을 바로 잡기란 쉽지 않은 일이다. 일개 기업, 혼자의 힘으로 이룬다는 것 또한 어불성설이다. 반드시 관련된 우리 모두의 문제의식과 지속적인 노력에 의해서만 가능한 일이다.

자본주의 사회에서 돈이란, 개인의 품위와 가치를 지키고 행복한 삶의 전반을 마련하고 발전시키는 필수불가결

한 요소임에 틀림이 없다. 그러므로 어떻게 돈을 벌고 어떻게 운용하는가? 하는 것은 가장 중요한 이슈 중의 하나일 것이다.

'피페이'는 어쩌면 바로 이 화두의 한가운데에 던져진 핵이라고 볼 수 있다. '피페이'는 어떤 특정한 사람들의 사욕에 치우친 결과로 비틀어져 있는 결제 문화를 바로잡고 올바른 금융과 소비문화의 변화를 가장 쉽고 효과적으로 이끌어 낼 수 있는 강력한 재료일 수 있는 것이다.

이에 관하여 우리는 온오프 상의 다양한 채널들을 통해 지속적인 캠페인과 활동을 이어왔고, 앞으로도 사명감을 가지고 이 일을 해 나갈 것이다. '피페이'는 쉽지만은 않은 이 목적을 여러분의 이해와 지지와 협력을 통해 반드시 이루어 낼 수 있기를 간절히 바라는 바이다.

독자 여러분의 적극적인 관심과 참여를 기대하며 이 글을 마치려 한다.